合情美学 经典课程 | 色彩

朱敬东◎主编

浙江人民美术出版社

编委会

主　　编：朱敬东

执行主编：朱国华

副 主 编：陈辉萍　王丁浩　黄瑞芳

装帧设计：吴立文　陈辉萍

编写人员：刘菲菲　赵　彤　张宗欣　徐爱华　孙　悦　邓　瑶

　　　　　杨晓玉　乔　菲　朱潞彤　胡　悦　程　文　李　倩

　　　　　杨文英　陈辉萍　沈笑玲　胡小仙　王思佳　王佳颖

　　　　　吴　赟　木楠浩　施闺臣　李梦航　章静静　张晓蓉

　　　　　徐鸿雁　于雪侠

全体编写人员合影留念

导言

一、新时代美育的价值所向

新的时代迎来了新的发展，更带来了新的机遇与挑战。21世纪是一个科技、信息、社会飞速发展的时代，美术教育也随着社会的发展紧跟时代步伐，提出了核心素养发展的宏伟蓝图。进入新时代，美育已经成为社会发展的必需，其强大的育人功能在社会发展历程中展现价值，以美育人、以文化人，全面提高学生的审美和人文素养，弘扬中华美育精神，增强文化自信，逐步实现以德树人的育人目标。

新时代美育立足时代，强调艺术与科技文化的全面融合，将时代的气质融入美术教育中，为新时代美术教育发展注入全新动力与能量。科技文化的快速发展，必将为美术教育的改革发展纳入新的思维与思想，在大数据与云计算时代的大背景下，势必成为美育工作者要面对的问题和挑战。

新时代美育承载着促进人的全面发展、推进社会跨越发展等责任与使命。新时代美育，开放、立体、丰富，彰显和辐射积极精神能量，激发师生和国民对美好事物向往，积极践行、探索创新，以美育塑造美好心灵，展现其独特的价值与意义。

1. 铸魂强基，新时代美育的价值追求

一个时代需要一个时代的精神气质，一个民族需要一个民族的精神符号，一个时代的美育是铸就时代精神、民族气质的重要途径，是国家铸魂强基的主要策略。一个人假如没有接受过美术教育，即便是他接受再好的教育，也很难达到高水平的审美能力和高品质的精神重建。对于我们这个视觉充裕、价值多元的可视化时代，人们的审美水平决定了其生活的品质与精神追求。审美教育则透过事物功用，超越功利，让人享受事物的形状、色彩、肌理等带来的审美享受，提高审美能力，愉悦精神世界。通过美术作品中的事物、人物以及所要表达的情感来唤醒人、感化人、滋养人，通过中华优秀传统文化、世界经典文化的传习，让新时代学生在自然而然、潜移默化中进行道德滋养，使其自觉提高道德水准，丰富道德情操。同时，美术活动本身就是人们表达、宣泄、抒发情感的一种方式，以美术表达协调情绪，表达对事物、对自然、对生活的情感。因此美术教育在培养学生的审美观，道德观和情感抒发方面具有重要的价值。

2. 融通知觉，新时代美育的价值基础

"我们一切感觉里最完美、最愉悦的是视觉，它用多样的观念来充实心灵。它

隔着最大的距离来接触外界的东西。"王流在其《艺术特征论》一书中这样描绘视觉。而美术是以视觉图像为主要载体来抒发情感与表现感受的艺术形式。因此美术教育在训练人的视觉方面效果显著，是其他任何教育所不能达到的。自然界的一切抽象的思维、感觉、幻觉等，都可以通过美术，变成有形的、可视的视觉画面。艺术创作需要融入创作者的思考，选择什么样的表现手法，以什么样的艺术材料为载体，整个过程，融通知觉，关联想象，激活智力。美术教育更是将感知和思维整合，美术学习通过具体的艺术形象，提高艺术敏感性，改善学生对抽象事物的记忆能力、感知能力和欣赏能力。因此，新时代美育在促进学生感官和智力能力发展方面具有重要价值。

3. 创新超越，新时代美育的价值显现

创新，是一个民族发展的不竭动力；创新，同样是新时代美育的价值所向。美术创作本身就是将创作者的情感，经过提炼、整合、处理，通过各种表现方式，以媒材为载体表现为可见的、具体的视觉作品。美术创作就是一个创新的过程，创造和超越是美术所特有的灵魂，作品如果没有创造性也将没有意义。由于其特殊性，美术教育是培养创造精神最有效的教育之一。通过美术教育，可以培养学生的创造力，特别是在学习过程中对创造性的鼓励、培养，促使学生潜移默化的形成创造意识，形成超越的动力，当创新意识成为一种心理定式，渗透到学习生活的方方面面。不管个人还是社会的发展，这种创新与超越都是一股不可低估的力量。

4. 实践探索，新时代美育的价值核心

新时代进入了互联网、大数据的时代，智能化已经成为世界发展的趋势，多元的媒材、智能化的手段，为美育带来了新的气象，为学生的学习带来了新的可能，实践探索成了美育价值的核心。着力于现实生活问题的美术解决和艺术思维，贴近学生的审美认知，融进学生的生活思考，以实践和探索展现美育的价值。在互联的时代，美术活动的过程本身就融合了学生的动手、动脑、观察与表达能力，美术所特有的制作程序和技术发展，决定了将美术学习作为技术训练和发展技术的基础性地位，将传统技术的实践、思维挖掘与新时代的新智能、新媒材紧密融合，凸显美育的探索性、开放性、创造性的特点。在美育活动中发展学生的发现问题、分析问题、策略优化、操作表达、调整反思等能力，以实践关联思维过程，以实践展现学习的价值。探索、融合、创新，奠定了新时代美育的价值意义与核心地位。

二、合情美学的新时代美育图景

（一）合情美学的概念界定

1. 合情的理论思辨

周宁和叶浩生在《心理学的两种话语形态："合理性"与"合情性"》一文中对"合情"是这样表述的：主体与对象之间永远都是一种相互理解的过程，个体的心理生活是个体对世界的主观把握和体验，它始终处于一种"视域融合"的状态。此视域融合即是合情，所谓视域融合，是指个体的心理生活既不完全是过去的经验形成，也不完全是当下的生活体验与理解，是一种现在与过去的交融，主体与客体的交融。换句话说，心理生活不是一种静止的实体，而是个体生活经验的融合，个体心理生活的现实性体现在经验的交互融合之中。[1]

从其他学术领域来思辨合情的含义，则可以从最早由美籍匈牙利数学家波利亚在《数学与猜想》

---

[1] 周宁，叶浩生.心理学的两种话语形态："合理性"与"合情性"[J].西北师大学报（社会科学版），2009，46（01）：93—96.

中提出来的"合情推理"来思考，"合情推理"一词源于Plausible Reasoning。通常把合情推理定义为：人们根据已有的认知结构在经验、感觉、情感等其他非智力因素的影响下，运用观察、实验、归纳、类比、联想等非演绎手段，对求解路径做出合乎情理的推理认知过程。它包括了三个方面的内容：一是认为合理推理是一种高层次的思维方法，其范畴涵盖观察、实验、归纳、类比、联想等一系列科学的发现手段；二是从教育心理学的角度出发，认为合情推理的过程依赖于人的经验、感觉、情感等其他非智力因素；三是认为合理推理是与演绎推理相对的非演绎推理。[2]其合情指向于合乎已有的认知结构在经验、感觉、情感。在苏丽卿的《谈数学教学中学生合情推理能力的培养》一文中认为合情推理是从具体问题和情境出发，通过观察、实验等途径，结合经验进行推理。其合情则是指向在具体的问题与情境。安必智在《重视合情推理，提高思维品质》一文中认为合情推理是指依靠直觉思维,运用观察、实验、猜想等方法，通过归纳进行推理，猜想出结论，进而找到解决问题的方法。其合情则是指向人的直觉思维与直觉判断。

又如哈家定在《论合情思维在教学中的地位及其培养》中认为合情思维是人们根据自己的知识经验或感觉得出某种可能结论时一种推理思维。它对学生的学习过程和智力、能力的发展有着特别的影响。其合情也是指基于自己的知识、经验或感觉基础；孙朝仁在《基于ECD理论的数学实验合情素养研究》一文中"合情素养"为人们在已有的认知结构、经验与能力水平的基础上，在某种情境中，通过观察实验、联想直觉、归纳类比等非演绎或非完全演绎方法体系，做出关于客体对象的合乎情理的判断。其对合情的阐述指向于已有的认知结构、经验与能力水平的基础，以及某种特定的情境。

所以，在合情推理、合情思维、合情素养等的论述中，其合情的本质都是指向于人已有的认知结构、经验、情感，以及在过程中的直觉思维，关注具体的问题与情境。

2. 美学的理论思辨

（1）美学是美和美感的科学。盖因在最近的《大英百科全书》里对美学是这样界定：美学是"美和趣味的哲学研究"。用中文来表述，就是美学是关于美和美感的科学。

（2）美学是艺术哲学。这个定义从巴托（Charles Batteux）到黑格尔，其含义是清楚的，说的是"美学是关于艺术美何以成为美的学问。艺术之为美，不在其艺术中的技术方面，也不在艺术与其他非美东西（如政治、经济、社会、宗教等等）、而在于艺术的本质，而艺术的本质在根本上就是美的本质。因此，艺术哲学研究的是美的艺术，或言之，美的艺术的本质。

（3）美学是以审美经验为中心，研究美和艺术的科学。这是中国美学家李泽厚的概括，得到很多中国美学家的赞同。这是一种中国式的综合方式，有审美经验，有美，有艺术。

（4）美学是关于审美价值的科学。20世纪初，美国美学家桑塔耶那《美感》中说："美学是研究'价值感觉'的学说"。20世纪中期，苏联美学家卡冈《卡冈美学教程》中说：美学"是一门研究审美价值的全部丰富性的科学"。张法在《美学导论》中提到："所谓美学的真谛，我想说的是美学精神的核心乃是一种平等的对话理想。"王建疆在《审美学教程》中说："确切地说，美学应该是审美感性学，简称审美学。审美学就是研究审美现象、审美规律的人文学科。"

3. 合情美学的界定

合情美学是心理学与美学的有机结合，是从心理学的方向研究美学问题，将心理学中的重要理论纳入到美学，从而形成一种崭新的美学理论形态。合情美学是研究人的认知、经验、情感与自然、社会契

---

[2] 罗洁婵. 高中数学合情推理教学研究综述[J]. 科技文化，2011，（2）：81-114.

合的审美关系，是一种符合人的发展规律的生态美学。

（二）基于合情美学的美育特征

1. 以情贯觉的学习观

合情美学关注从人自身的认知结构和情感出发，在问题情境中链接对客体的感知，以情感体验的初层次意义走向深入化表现，在审美学习的过程中，强调情绪引发的学习行为与学习动力的变化与链接，以对审美客体的直觉兴发情感的渐入，以对审美主题的初步体验到高峰体验，从而经历情感的意义转换与生发。学习的过程就是一次体验发生与情感对接的过程，合情美学主张现在与过去的交融，主体与客体的交汇，实现认知、经验、情感的关联互动、共通融合；实现自我意义与精神的重塑，彰显审美学习的过程就是自我更新、自我调适、自我建构的过程，而情感是贯穿过程的核心，知觉是美育发展的基础。所有学习的发生从自我感动出发，从人性生命意义的升华为目标，合情美学下的美育学习观就是秉承这样的理念而发展。

2. 以形写神的创生观

合情美学是基于中国美学精神的生态意义的理论体系，崇尚中国意象美学思想，就中国的艺术形象的创造上看，更重视以形写神。此"形"不是生活实相的模拟和，而是一种由人创造的特殊意象。合情美学继承的是中国传统美学对艺术形象的基本要求，即"意象俱融"、"意象欲奇"、"意象超越"，也是中国艺术形象创造的关键。合情美学下的新时代美育的创生观"以形写神"就是艺术形象创造的最基本的方法，"传神"则意味着艺术形象的最高境界。新时代美育更是强调与科技等要素相结合的"传神"艺境的探索，突破原有定势，创生新的艺术样态，从空间、媒介、思维上走进学生的审美表现，创生其内在的感悟与情感。

3. 以育合心的儿童观

儿童是活生生的生命体，是有独立思维与思想的生命体，合情美学主张生命的萌动、蓬勃、生长的生态自然观，儿童有其内在的发现生活、关联社会、展望未来的认知逻辑，所以，美育过程更是注重"育"的价值，倡导"养"，以育合心，以养润心。育分三境：一境为培育，通过一定的方法呵护幼小生命体，使其发育成长。正如汉代董仲舒在《春秋繁露·五行五事》中所说："夏至之后，大暑隆，万物茂育怀任。"万物培育中环境、时机、条件等要素，为其成长提供支持和保障；二境为滋育，晋代成公绥的《天地赋》所言："何滋育之罔极兮，伟造化之至神。"用心滋育生命的成长，涵养化育，关注的是用心、用情来育人、化人、成人；三境为顺育，则是顺其自然而化育，关注在自然域境下的自我发现、自我判断、自我调适、自我更新的过程，重"以自然育自心"的价值。此三境皆是养的意义彰显，也是合情美学的美育儿童观的具体体现。

4. 以美求真的价值观

中国传统的审美是把天人合一或与道合一视作自己的最高境界。艺术具有给人美感，感发意志、开启人性、陶冶心情，完成人格的功效。新时代美育倡导以美育人、以文化人，实现立德树人的目标。中国美学强调美善相乐，要求艺术担负起显现道的功能。合情美学的价值观主张，艺术作为审美的样式，它应该体现出道，或者说体现出道具有一种美善相乐的特点，以美求真，以艺融道，艺术才能具有很高的审美价值，而美育更要做到"道艺贯通"、"情理相和"。

目录

色彩课程的单元思辨

"律动之美"色彩主题单元课程设计与解构

"律动之美"这个色彩主题单元课程的设计，对象是3—4岁的学生，这个单元共有6个课程，整体的课程设计是一个循序渐进的学习过程，让学生从简单的色线知识学习，从基础的图像识读提升为对画面有一定的审美判断，使学生在整个学习中都在不断进步和成长。考虑到教学对象属于低幼段，在教学过程中学生的专注力与学习力都相对较弱，所以在教学设计时运用了比较放松的教学模式，借助了音乐、舞蹈、实验等多种行为方式与学生进行互动，同时在创作过程中也设计了游戏环节，使学生在游戏互动中自然生发画面效果。最终将教学时学生的个人感受与创作时游戏中的生发效果结合，从而使每个学生作品中都富有个性与独特创造力。

首先，第一节课的主题"红色秧歌"围绕中国民间传统文化秧歌展开。秧歌是一种色彩浓重、音乐活泼的舞蹈活动，通过舞动红绸带的游戏形式，再结合课堂中视觉和听觉上的双重感受，将学生完全地带入扭秧歌的热闹氛围中，在这样的气氛中跟着音乐用涂抹刮等轻松的形式表现出舞动的绸带与欢快的场景，实现画面中的线条感与色彩感。

第二节课"声波悦动"是完全通过学生的听觉感观来表达自我感受的一节课。先让学生参与声音小实验，发现声音也是会动的，再播放不同风格的音乐，使学生听到音乐后产生不同的情感感受，然后结合色彩找出适合表达这种情感的相应颜色，并用适合的各种工具通过印花涂抹表达整首歌曲的色调与点线面。

第三节课"黄河汹涌"同样是先从听觉出发引导学生欣赏《黄河大合唱》汹涌澎湃的气势，再加上图片中黄河波涛汹涌带来的视觉冲击，给学生一种震撼的视听感受。根据老师的讲解，学生了解到黄河的历史与文化，再以游戏的方式表现黄河，用对印的方法表现泥土的质感，加入特殊的流体颜料表现黄河水的流动感，最后用敲洒的方法表现黄河的波涛汹涌和水花。这一课在前两课的基础上，不仅有感官与游戏的体验，更加入学生对文化知识的了解，进一步提升孩子的美术素养。

第四节课"万物震动"从学生的身体感受出发，让学生在实验和视频中感受到地震的可怕，并让学生用合适的色彩表现出自己害怕的感受和地震带来的灰暗，再用撕的方法将高楼大厦、树木汽车等生活环境破坏，将其贴到背景中，最后添画一些小的点景与细节，表现地震后的场景。

第五节课"城市脉动"是以学生的生活环境为原型，给学生欣赏平时生活中的城市场景，结合自身的生活经验，表达自己平时生活中的见闻，发现身边的美与趣，感受城市每天的律动美，用刮色和点等方法表现城市的律动感与色调，通过画面中的色调与点线面表达自己对城市的理解和感受。

最后一课"水袖带操"与第一节课相呼应但又不完全相同，同样是在舞蹈中舞动绸布，但这一课学生欣赏的是水袖演员表演水袖的优柔唯美，感受在音乐中水袖的律动美感，将自己的全息感受在画面中表现出来，并充分表现水袖舞动的色线与韵律。这一课的作品也与第一课的作品形成鲜明的风格对比，这提高了学生的表现力与审美力，使学生在美术素养上有了显著的提升。

这六节课程让学生从各自的感受出发，用涂、抹、刮、刷、流、印、撕、贴等表现形式，在游戏中进行创作，从而实现作品的轻松感和趣味感，在不知不觉中产生了学习力和创造力，每位学生在课堂上和作品中都表达了独特的自我个性和美术素养。

课程设计的推进图：

推进课题	红色秧歌	声波悦动	黄河汹涌	万物震动	城市脉动	水袖带操
色彩知识	色调 色线	色调与点线面	色调与点线面	色彩叠加	色调与点线面	色线与韵律
技法要点	手指涂抹	拓印	对印、流色	撕贴	刮色	刷色
学习方式	视觉感受	听觉感受	视觉感受	动觉感受	全息感受	全息感受
美术素养	图像识读 美术表现	美术表现 创意表达	文化理解 美术表现	图像解读 美术表现	文化理解 美术表现	审美判断 美术表现

关于课堂教学评价的思考

近几年，中央美术学院的考题引发了我们许多思考：我们的素描学什么？我们的色彩学什么？要怎么学？要学成什么样？特别是在这个时代，什么是不能代替的？那就是"创意"再加"情感"，我们的孩子大约从3岁开始就可以开展自己独特的创意活动，有自己对物象独特的理解。我们要让孩子有见物非物，见山非山，见水非水的境界，那么如何在课堂里面实现这些呢？我们可以从五个方面对课堂进行思考和评价。

一、情境设计

所有课程主体必须在情境中落实，在情境中引发儿童的情绪和感知。因此怎么"开门"去做是非常重要的，你的"开门"要引发学生的兴趣，使学生产生感知，有所反应。情境是为了将儿童带入，不是为了情境而情境，而是情境导入时的主题已经与学习场景关联。

创设的情境一要有"趣"，即要根据孩子的年龄特点来设计；二要有"情"，即要有感情，情是内心的，能最快地让孩子进入到学习主题；三要有"破"，要有大破，有"破"才立，"破"的是我们常态的感悟，看事的习惯。这三者缺一不可。

二、过程清晰

在上课的过程中，你不可能时时看着教案教学，教案不仅要在心中，更要在孩子的创作活动中。我们要以学生为本，教学准备的过程要和学生的学习完全融合起来，只有融合了，我们的教学过程才能做到真正地清晰、流畅。让教学过程在学生学习中发挥真正作用，应这样来操作：

第一，教学过程清晰，必须有层次地推进。也就是说我们在做教学设计的时候，可以用逆向思维来达成目标设定，能够让学生去表达的作品是什么样的，或者说期待的行动结果是什么，那么达成目标结果的过程就应该是怎样的。第二是艺术的内容，到底是什么内容什么形象，我们要去想象，并与周围延展的内容相匹配。第三是学生的活动性与探究性，在这个过程当中，也实现了过程的意义。

三、目标定位

一堂美术课是单纯的美术课吗？不是的，它有目标的综合性与多维性。第一，有最基本的知识与技能的要求。第二，讲究过程与方法，过程与方法并不单纯是指画画的过程，而是指向整个学习的过程。例如，通过欣赏、判断、探究等获得创作的基本方法与想象的内容。第三，是情感、态度和价值观。在以上目标设计的三个维度中，主体永远是学生。

四、学习梯度

在我们的教学过程中，要关注学生的学，相关联的是六个关键词。（一）感知。我们要让学生感知情境，有了感知以后才知道要做什么。（二）体验。如先听听音乐，再画画线条，或来表演一下，这就是感知与体验。（三）关联。主题内容如何去关联？这是整堂课的主体活动。（四）创作。或者也称表现。关于如何示范，老师都有自己的方法。示范好了马上创作，学生画的东西完全是一样的，这个时候就应该有拓展与生发，然后再进行创作。（五）展示与评价。要强调有鼓励与相互之间的分享。（六）最后还有一个核心词叫匹配，要和教学目标的设定相匹配。因此，我们的教学应当是学、教、评一体化的，学什么、教什么和评价什么是统一的、匹配的。

五、结果预设

理念就是逆向设计，结果的预设决定了学生创作的状态和学生发展的境界与品质。如果结果预设得一般，那么学生就只能到一般的程度。如果预设到位，那么学生的学习就能生发价值和成果。预设要有整合，最后达到育人的效果。所有的教育，最后的本质就是育人，育人才是我们真正的目标。育的人第一个要指向他的未来，第二个要指向"中国人"，未来人和"中国人"的结合才是"世界的人"，有情怀、有责任、有创想的人。

从临摹到创新　由共情达移情

——12—14岁"大师肖像"色彩主题单元课程设计与解构

"大师肖像"这个色彩主题单元课程的设计，教学对象是12—16岁的学生。这个单元共有6个课程，这6个课程分别源于艺术史上极具个性的艺术家，我们希望通过对不同风格大师的色彩肖像画的学习与创造，提升学生的艺术感知与表现能力。

根据学生的学习能力和审美梯度，我们希望从基础临摹入手，到有乐趣的临摹，再到表达自我的临摹，以这样有梯度的环环递进，来不断地扩充知识点与能力，最终实现有意义的色彩学习。

我们是这么安排艺术家的先后顺序的：伦勃朗、雷诺阿、毕加索、莫迪里阿尼、马奈、达·芬奇。

把伦勃朗安排在第一节课，是因为他的光影氛围最能让学生体悟到绘画艺术有凌驾在生活之上的高级感，他对光影的讲究和扎实的人物造型值得学生反复地临摹和研究，所以在这堂课中，我们安排色彩临摹。

同样是光影，室内光和室外光带来截然不同的感受。不同于伦勃朗的褐色古典色系，雷诺阿的色彩总是有香甜欢乐的少女气息，学生自然能通过感受和理解进行横向比较，在色彩的感觉、笔触的表现上都会有全新的体验。

在二节临摹课后，我们用毕加索作为形式感的转折，他将给学生带来全新的视觉体验，把形体置于结构形式中，将不同角度、不同时空的造型完整地呈现在同一个画面中，形成立体表现主义特有的艺术特点和魅力。加之毕加索在色彩上大胆地碰撞，极易激发学生艺术表现的兴趣。为了更好地让学生理解立体主义，我们用折剪和拼插的方式完成作品，这是基于临摹基础的创造，在这节课中，玩艺术的意识开始介入，课程也逐渐有思想的深度。

第四节课安排了莫迪里阿尼，他是毕加索的朋友，两位天才曾有过一张世纪合影。但与毕加索的长寿多金相比，莫迪里阿尼的人生走上了另一个极端，他和他的作品总有一股莫名的忧郁，拉长的、平面的，以及空洞的眼神似乎能带人进入另一个时空，这样孤寂的情绪不免让人想起中国古代深闺中的仕女们，两种不同艺术形式却能因情绪达成共情，让学生移情到不同空间，表现穿越时空的迷思。

可以看出，课程过半后，表现方法越来越自由，到了需要解决画面完整性问题的时候了。于是，我们引入马奈的作品《弗莉·贝尔杰酒吧》，帮助学生完成环境的构建，但也没有脱离人物肖像的画法。

最后，我们用达·芬奇的《蒙娜丽莎》结束整个课程。《蒙娜丽莎》是个经典作品，历来年轻的艺术家们都爱挑战经典，以此表达自己的想法，学生们也是如此，用自己积累的审美经验和技法，留下富有个性的时代印证。

从临摹到创新，在渐进中求感悟，由共情达移情，学习中求表现——这是我们这个色彩单元设置的根本。

课程的推进图：

推进课题	伦勃朗的光影	毕加索的女人	莫迪里阿尼的人像	马奈的吧台女
学习方式	临摹	立体游戏	临摹 + 创作	意临
美术观念	古典主义	立体表现主义	表现主义	印象主义
色彩表现	造型 光影	平涂与勾线 色彩对比	色调 变化	色彩概括 意象表达
美术素养	图像识读	美术表现 创意表达	文化理解 美术表现	文化理解 美术表现

色彩语言中的创意表达

——12—14岁"我们的生活"色彩写生单元课程设计与解构

　　"我们的生活"专属色彩写生单元，针对对象是12—14岁的学生。该单元共设6个课程，内容分别从学生的学习到生活、从可见到可感、从聚焦到全景视角，以螺旋上升的梯度设计编排，目的是通过单元化课程的设计，使学习有梯度、有深度，使认知结构在建立过程中能有所关联并明显提升。我们希望通过本单元对"生活"这个主题的色彩写生创作，打开学生对色彩的认识、感知及运用，提高其"解读"色彩与生活的关联，并能主观地表现创作等综合素养。

一、单元课的设计初衷

　　从学习到生活、从聚焦到全景；从可见到可感、从再现到表现；从人到情景交融，从情到意……在拓展色彩本身具备的张力面前，如何在色彩创作中将"色调、笔触、构成"以更合理的关联触发学生"学以致用"的感知并创作表现独特而有创意的画面，是本单元以"螺旋上升"的方式，以2个课程为一组，共3组进行持续推进的设计初衷。

二、单元课的设计解析

　　如图表中"快乐运动"和"热闹早市"是第一组，"城市人生"和"校园生活"为第二组，"街巷摊点"与"周末时光"为第三组，分别从"核心问题""美术素养""色彩表现"三个维度建立单元脚手架。其中"核心问题"是本单元的主轴，相当于藤蔓植物的主干；"美术素养、色彩表现"是两条交叉盘绕着主干螺旋上升的藤条，以此形成单元有目标指向、有梯度设计、有章可循并能在实际教学中有的放矢的指导策略。

　　单元设计如果只是直线的设计，则会缺失彼此关联的多维性；而螺旋的梯度则带给学生各不相同的视角和可能性。色彩语言中丰富的感知、表达和创新，需要我们站在学习者的视角以更全、更广、更深的思考去探寻"色彩、人、物象"彼此间的关联的途径和方式。

课程设计的推进图：

推进课题	快乐运动	热闹早市	城市人生	校园生活	街巷摊点	周末时光
核心问题	体会运动的人的律动之美	感受早市热闹的景象	表现幸福家庭的生活样貌	感知校园生活的千姿百态，体会友爱之情	感知摊点上人与景的融合之意	体会时光与人的和谐之美
美术素养	美术表现	美术表现 创意表达	美术表现 创意表达	创意表达 文化理解	创意表达 文化理解	创意表达 文化理解
色彩表现	色彩与笔触	色彩与色调	色彩与构成	色彩与色调的主观表达	色彩与构成的主观表达	色彩与笔触的主观表达

01

自然之色
欢乐大海

学习要点

1. 欣赏大海的色彩和律动之美，体验抽象表现主义绘画大师波洛克的创作方式。
2. 体验用不同的材料工具，以游戏的方式表现大海的色彩与律动。
3. 培养大胆想象与表现的能力。

学科要点

冷色调、色彩的肌理。

材料准备

纸盒、玻璃球或乒乓球、水粉颜料、水粉笔。

视觉感知

观察浪花的颜色和运动状态，一起来表演
一下小浪花们的舞蹈吧！

哇！大海浪来了！

教学解析

　　看到美国抽象表现主义绘画大师波洛克的作品，你有什么感觉？猜一猜，大师作品中的色彩与笔触可能是怎样创造出来的？

创作步骤

  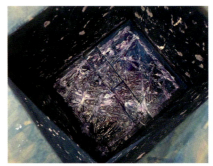

1. 用水粉笔给纸箱子刷满大海的颜色！
2. 用玻璃球沾满你观察到的大海的其他颜色，边想象平静的大海或者波涛汹涌的大海边摇晃纸箱。
3. 用玻璃球沾满白色的水粉颜料，摇晃出白色的浪花。

接下来，让我们听着大海的声音
创作一幅欢乐大海的作品吧！

作品欣赏

学习要点

1. 欣赏下雨的图景，观察雨滴的各种姿态，聆听雨点下落的声音，感受自然的美妙。
2. 用水油分离的方法，在画斜线、绕线、点线的动作中体验与表现雨滴的淘气、调皮，在拟人化的情境中进行主题创作。
3. 培养进行大胆表现的能力。

学科要点

水油分离，斜线、绕线等技法，意境表达。

材料准备

白色油画棒、水粉颜料（其中白色、柠檬黄、红色等稀释过），毛笔、4开黑色卡纸、滴管等。

02
画音之合
淘气雨滴

视觉感知

小雨滴来到地上，你听到它们"叮咚叮咚"说话的声音了吗？

小雨滴来到屋檐上，噼里啪啦，像不像在跳舞？

教学解析

　　哪位小朋友说一说，小雨滴是怎样从天空降落的？下大雨和下小雨时，淘气的雨滴有什么变化？

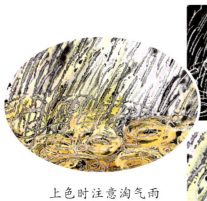

上色时注意淘气雨滴的动作，降落时或快或慢，落到地面形成圆形或半圆形。

1. 用白色油画棒画出斜线、短线等表现雨滴下落时淘气的"动作"。

2. 毛笔蘸稀释的白色等表现环境色，地面的色彩可以稍厚重，用刷和绕的动作表现。

3. 用滴管吸取稀释的白颜料滴到画面上，创作小雨滴的"舞蹈"。（也可以用毛笔敲、甩、洒的方式。）

4. 完成作品。

作品欣赏

合情美学经典课程·色彩

03

律动之美
红色秧歌

学习要点

1. 了解秧歌这一传统艺术，感受扭秧歌舞时的欢乐气氛。
2. 用拓印的技法表现扭秧歌时的色彩氛围，并用挤刮颜料的方式表现绸带舞动的姿态与场景。
3. 在创作中感受扭秧歌时的欢乐心情，体会传统舞蹈的趣味。

学科要点

形体律动、涂抹拓印等技法、舞动场景。

材料准备

水粉颜料、水、8开纸、纸巾或保鲜膜、管装水粉颜料（可以挤的颜料），水粉笔。

视觉感知

秧歌已被列入中国国家级非物质文化遗产名录，是广泛流传的一种极具群众性和代表性的民间舞蹈。小朋友，让我们跟着音乐舞动手中的绸带，扭起来吧！

教学解析

仔细观察：这个红绸带上都有什么颜色呢？

创作步骤

$\dfrac{1\ \ |\ \ 2}{3}$

1. 选择自己喜欢的颜色，自由涂抹在背景上，表现扭秧歌时的环境和氛围。

2. 跟着音乐用揉搓的纸巾、报纸等在背景色上拓印肌理，表现扭秧歌时欢乐的心情。

3. 用红色在纸上挤出舞动的绸带，并叠加不同色调，明度的红色、白色、黄色。

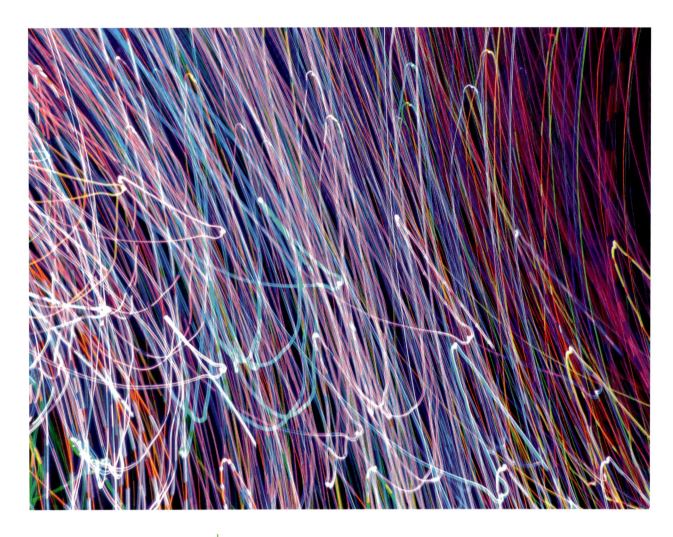

04
律动之美
声波悦动

学习要点
1. 感受音乐的律动，联想音乐的色彩之美妙。
2. 用感受与想象的色彩，以不同的工具和材料表现音乐的画面，体验色彩创作的快乐。
3. 培养学生用色彩表达音乐感受的能力。

学科要点
音乐的节奏与律动、色彩游戏。

材料准备
海绵滚轴、海绵棒、刮刀、毛线、滴管、水粉颜料、毛笔。

视觉感知

听音乐，想象音乐在跳舞的样子。

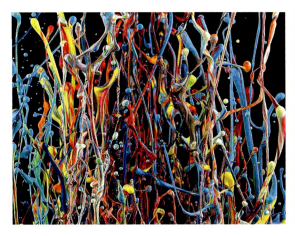  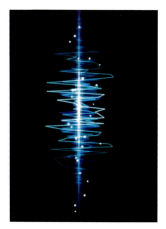

教学解析

艺术家是怎么用色彩表现音乐的？

创作步骤

1	2	3
4		

1. 选择听到的音乐的颜色，用滚轮将颜色滚到8开的纸上，可以根据音乐节奏的快慢滚动滚轮，铺出底色。

2. 用海绵棒根据音乐的节奏在纸上点出大小不一、分布不均的色点。

3. 用线沾颜料在纸上跟着音乐的旋律绕出不同的轨迹。

4. 用滴管滴或敲洒一些色点表现音乐的气氛，整合画面。（老师也可以在课堂中跟小朋友们生发出其他更有趣的创作方式。）

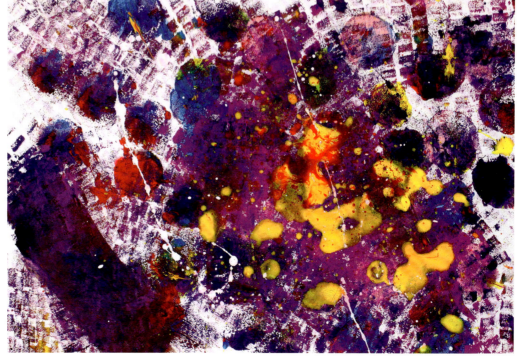

05
律动之美
黄河汹涌

学习要点
1. 通过视觉观察和音乐感受，体会黄河水流奔腾的气势，感受黄河的汹涌澎湃与雄伟壮观。
2. 用流体颜料表现黄河水的奔腾流动，并用敲、洒等方式表现出黄河波涛汹涌的气势。
3. 培养学生的民族自豪感。

学科要点
玻璃对印技法、流体颜料表现、滴洒技法。

材料准备
8开白卡纸、纸胶、水粉颜料、流体颜料、滴管、水粉笔、喷壶。

视觉感知

你觉得黄河是什么颜色的呢？你找到了哪些颜色？

教学解析

在艺术家们的作品中，你找到奔涌流动的感觉了吗？

创作步骤

1	2
3	4
5	6
7	

1. 老师在玻璃上用纸胶带贴出一个8开纸张的框。

2. 小朋友们在玻璃上的框内开始涂抹黄河的颜色。

3. 老师在涂好的颜色上喷少量的水，保持颜料的湿润。

4. 拿出一张8开的白卡纸，放在边框内，用手抚平按压。

5. 轻轻地将纸揭起。

6. 在已经印好颜色的背景纸上倒上流体颜料，跟着音乐的节奏韵律并融入个人的情感，将纸倾斜，让颜料流出不同的水势。

7. 最后，用滴管滴和敲洒的方法表现黄河水花四溅的感觉。

作品欣赏

06

律动之美
万物震动

学习要点

1. 了解地震这一自然现象，感受地震的可怕。
2. 用涂抹、撕贴的方法表现地震时和灾后的场景。
3. 感受地震带来的毁灭，用色彩表达内心感受。

学科要点

色彩涂抹、造型撕贴、场景表现。

材料准备

水粉颜料、白卡纸、剪刀、刮刀、水粉笔、黑白楼房打印资料。

视觉感知

地震时，大地会抖动、摇晃、开裂，非常可怕！
你能用线条来画出这种感觉吗？

教学解析

请小朋友选一选，哪些颜色可
以表现可怕的地震？大胆地在画纸
上涂出来！

教学解析

　　地震时，房子变得怎样了？

　　可以用撕贴的方式将地震后满地石块、垃圾，大树倒地等场景表现出来！

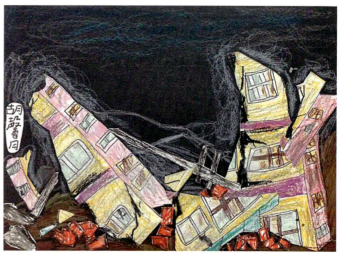

　　可以用线条表现地震时不断晃动、开裂的大地！（水粉工具表现。）

创作步骤

$$\frac{1 \mid 2 \mid 3}{4}$$

1. 先选出能够代表地震可怕感觉的颜色放到纸上，并用水粉笔将颜料涂抹开。
2. 用剪刀将黑白图片中的高楼沿边缘剪下，随意地撕碎一些部分，作为地震后倒塌的房屋。
3. 将撕碎的楼房碎片随意地贴在铺好颜色的背景纸上，并用刮刀选取少量的灰色、棕色等颜色，刮在画上，表现地震后散落的石块和泥土。
4. 蘸取少量绿色颜料，用点的方式点出倒地的树木。再敲洒少量的色点，统一画面，烘托气氛。

作品欣赏

07
律动之美
城市脉动

学习要点
1. 感受高架桥在城市夜景中独特的律动美。
2. 学习水粉刮色的基本技法，感受其独特的艺术趣味。
3. 体验水粉刮色表现的乐趣，培养大胆创作的意识。

学科要点
刮色技法、色线与方向的节奏律动。

材料准备
水粉颜料、水、黑卡纸、水粉笔、刮片等。

视觉感知

哇，城市的"大动脉"！

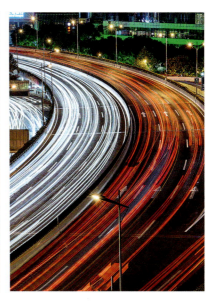

教学解析

　　我们可以用怎么样的线条和色彩来表现夜晚的高架桥呢？高架旁还有很多星星点点的路灯和广告牌哦！

创作步骤

1 | 2
—
3

1. 选择颜色较暗的水粉颜料涂抹城市夜晚的背景。
2. 用刮片将颜料刮出高架的灯光轨迹，可以多种颜色交叠。
3. 用手指点出星星点点的灯光。

08
律动之美
水袖带操

学习要点
1. 欣赏水袖与带操的表演,感受其舞动的魅力。
2. 感觉水袖与带操的线条动态,用大胆的色彩与线条进行表现。
3. 培养学生对艺术的热爱与发现感受能力。

学科要点
线条的动态与韵律、线条的色彩与情感。

材料准备
水粉颜料、水粉笔、水粉纸、刮板。

视觉感知

这叫什么舞？好看吗？

你觉得表演者的心情一样吗？为什么？

水袖的颜色有什么不一样？你发现了哪些变化？

教学解析

玩一玩彩带，说说彩带是怎么舞动的。

创作步骤

用这个小工具来画
彩带会很好看哦!

1	2	3
4		

1. 用淡色刷出若隐若现舞动的彩带。
2. 用颜料直接挤出彩带舞动的轨迹。
3. 用刮板刮出彩带舞动的造型。
4. 叠加不同粗细、宽窄和色彩变化的彩带,作品完成。

作品欣赏

09
全味之和
酸酸柠檬

学习要点

1. 观察和品尝实物，感受柠檬的颜色和味道。
2. 学习用刮色的方法表现柠檬的酸爽味和色彩感。
3. 引导孩子大胆地玩颜料，表达自己的感觉与想象。

学科要点

刮色技巧、味觉表达。

材料准备

水粉颜料、黑卡纸、刮刀、卡纸等。

视觉感知

尝一尝：柠檬的味道给你怎样的感受？你觉得可以用什么色彩来表达？

仔细观察：你发现柠檬都有什么颜色？

柠檬掉进冰水里，给你们什么感觉？有没有股清爽、透心凉的感觉呢？

教学解析

欣赏艺术家的作品，说说他们的表现。

创作步骤

1	2	3
4		

1. 选择感受到的柠檬的颜色有多有少地挤在画纸的不同位置。
2. 用刮刀刮出块面与方向，表现柠檬冰凉、透心、酸爽的感觉。
3. 在同样大小的纸张上挤色、刮色，表现对柠檬不同的感觉。
4. 组合画面，完成多件构成作品。

也可以用刮板将几种颜色一起刮！

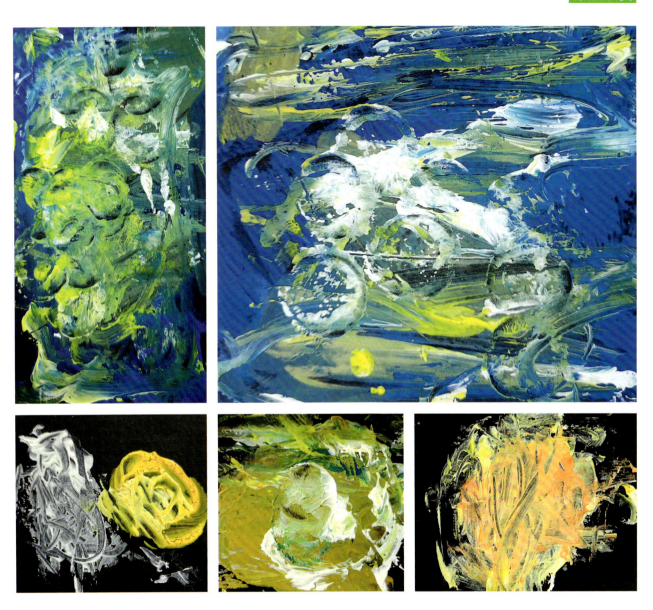

学习要点

1. 观察小鸭子的生活情景，感受小鸭子的憨拙与可爱。
2. 利用鲜明的色彩对比来表现小鸭子的形象和疏密关系。
3. 通过可爱的鸭子形象，感受小生命的美好。

学科要点

色彩的纯度和明度、小鸭子的形态、聚散关系。

材料准备

宣纸、油画棒、墨汁、毛笔、清水等。

10
万物生灵
小鸭嘎嘎

视觉感知

这些小宝贝你们都认识吗？你喜欢它吗？为什么？

教学解析

憨态可掬的小鸭子可是游泳高手。仔细观察，它是怎样游泳的？

创作步骤

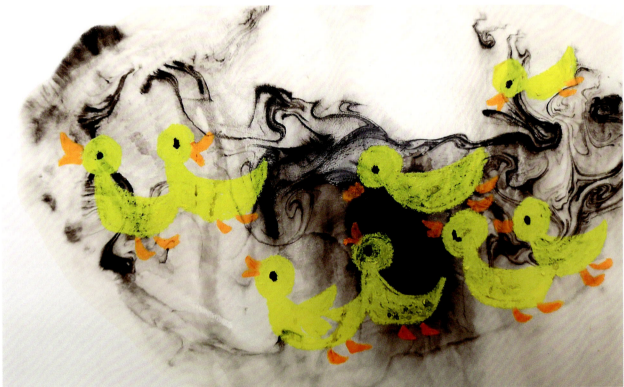

1	2	3
4		

1. 用油画棒画小鸭子，注意一群小鸭子的动态和聚散关系。
2. 准备墨汁、毛笔和一盆清水，在清水里滴入墨汁。
3. 将画好小鸭子的宣纸吸附墨汁。
4. 轻轻地从水里揭起宣纸，晾干，作品完成。

作品欣赏

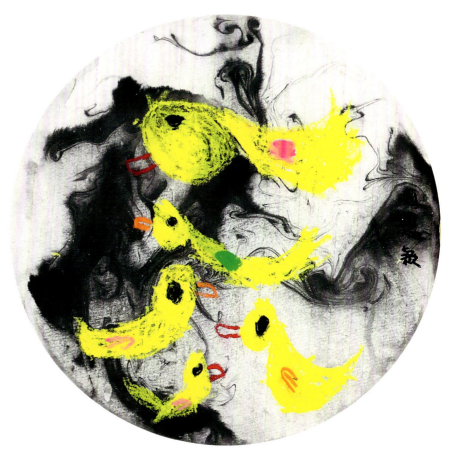

11
四季景象
万物复苏

学习要点
1. 了解冬去春来，万物复苏的自然规律。
2. 用色彩表现花生长的各种姿态。
3. 培养学生热爱大自然的情感。

学科要点
生长姿态、构图与构成、色彩格调。

材料准备
滴管、棉签、单支水粉颜料、水粉笔、正方形的铅画纸等。

视觉感知

冬去春来，万物复苏。鲜花摇曳，姿态万千。生命的每一个时节，都呈现着不一样的美妙！

教学解析

你喜欢哪一朵花的姿态与颜色？为什么？

创作步骤

1	
2	4
3	

1. 用滴管滴出花瓣的基本形态。

2. 叠加挤色，用棉签转动使色彩相互融合。

3. 用水粉笔画出花秆，使姿态各有不同，用笔敲打点缀背景。

4. 组合画面，完成作品。

12 生活百态 水杯一家

学习要点

1. 学习画家莫兰迪静物色彩表达，感受静物之美。
2. 学习用高级灰色及涂、抹、皴、擦等色粉技法来表现水杯的组合。
3. 通过静物创作来表达自己的心灵世界。

学科要点

莫兰迪色彩的掌握、色粉画技法、场景组构。

材料准备

黑卡纸、色粉笔、剪刀、餐巾纸等。

视觉感知

你的家里都有什么样式的水杯？我们该用哪些色彩来表现它们？

教学解析

你都看到了哪些色彩？可以从我们的颜料盒里找到吗？

你发现这些颜色有什么特点？莫兰迪为什么会画这样灰色调的瓶子？

创作步骤

$$
\begin{array}{c|c|c}
 & & 3 \\
1 & 2 & \\
 & & 4 \\
\hline
 & 5 &
\end{array}
$$

1. 用色粉在黑卡上擦抹出水杯"家的气息"。

2. 用剪刀从背面剪6条线，制作三个立体支架。

3. 在另一张黑色卡纸上画出水杯一家的形象，并剪下。

4. 贴上后放平，注意杯子之间的位置关系，并给杯子涂色。

5. 完成效果。

13

生活百态

窗边瓶花

学习要点

1. 通过闻、看等感受瓶花的色彩与生命的美好，学习艺术家的作品表现。

2. 把握作品的虚实表现，用色彩游戏的方式发挥想象，大胆涂抹，表现窗边瓶花的美。

3. 激发学生对美好生活的向往，培养学生面对生活的积极态度。

学科要点

色彩的虚实表达，点、线、面的色彩游戏。

材料准备

厚卡纸、水粉颜料、水粉笔等。

视觉感知

你看到的花朵都有哪些颜色与形态？

瓶子和花朵之间是什么样的关系？你想画什么形状的花瓶？

一起来寻找一下花卉中的点、线、面吧！

教学解析

大师是怎样表现瓶花的？
你喜欢哪一幅？为什么？

创作步骤

1	2	3
4		5

1. 背景铺色。

2. 选择花瓶的颜色，涂抹出花瓶，挤出花枝。

3. 挤出小花，加上窗格、窗台。

4. 加上变化的色彩，用手涂抹，使色彩充分融合，形成花朵的意象。

5. 完成作品。

14

生活百态
厨房水池

学习要点
1. 聆听水流冲击碗碟的声音，感受水的流动与跳跃。
2. 运用淋、滴、涂、抹的方式表现动态场景，通过水流与盘子色彩的虚实对比，体验色彩表达的乐趣。
3. 通过洗碗碟这一家务劳动，养成勤劳主动、分担家务的好习惯。

学科要点
淋、滴、涂、抹的技法，虚实对比。

材料准备
水粉颜料、水彩纸、水粉笔、油画棒等。

视觉感知

你们帮妈妈洗过餐具吗？

观察水流的动态，水流遇到餐具时会发生什么变化？溅起的水花是什么形态？

教学解析

你都看到了水流的
哪些形态和线条？

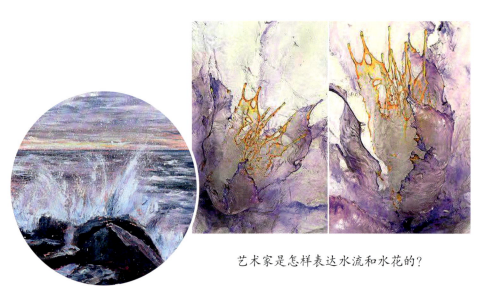

艺术家是怎样表达水流和水花的？

创作步骤

1	2	3	4
5	6	7	

1. 画出水流的形态，注意色彩的选择和搭配，再画出背景。

2. 画出底部的水流和水花。

3. 剪或撕出盘子的造型，绘上花纹。

4. 贴上盘子，画出水流与盘子的遮挡，抹上水花。

5. 油画棒皴出背景，用卷曲的厚纸做水龙头。

6. 淋、滴、敲、洒水花。

7. 作品完成。

作品欣赏

15

妈妈包包

学习要点

1. 欣赏妈妈的包包，感受其造型、色彩及花纹的时尚与美感。
2. 通过色彩的排列与搭配，体验协调配色的规律。
3. 通过包包的创作，表达对妈妈的爱。

学科要点

色彩的对比与和谐、立体制作。

材料准备

水粉颜料、塑形膏、剪刀、卡纸、绳子、超轻泥等。

视觉感知

包包由哪些结构组成？
你喜欢哪一个？为什么？

教学解析

　　观察图案和色彩：好看在哪里？这些包包用到了哪些颜色与纹样？

　　为妈妈设计的包包可以用怎样的色彩来搭配？动手给妈妈做一个吧！

创作步骤

1	2	3
4	5	

1. 塑形膏混合木屑涂在彩色卡纸上，做出包包肌理。
2. 另取一张纸用水粉颜料画出包包的图案，注意颜色的搭配。
3. 裁剪成你喜欢的形状，注意块面大小。
4. 做条肩带（绳子）和扣子（超轻泥），并涂上色。
5. 折起来，粘上色块，加上扣子和肩带，完成啦！

16

生活百态
水果飘香

学习要点

1. 观察水果的外形、色彩，感受水果的鲜美。
2. 用对比强烈的色彩，表现水果外皮肌理和内瓤的质感与味道，用颜料淋滴或色粉笔皴擦背景，以渲染果香氛围。
3. 培养学生的观察力与感受力。

学科要点

鲜美的色彩感受、质感表达 。

材料准备

牛皮纸、油画棒、水粉颜料、棉棒、水粉笔。

视觉感知

小朋友们喜欢吃水果吗？
水果不但含有丰富的营养，而且能够促进消化。
小朋友们都喜欢吃哪些水果？

教学解析

哪种水果让你感觉更香甜呢？
外皮和内瓤有什么不同？
如何表达它们的不同？

创作步骤

1	2	3

4

1. 用油画棒绘出水果的基本形。
2. 勾勒阴影。
3. 用颜料点彩完成果实内部，刻画细节，注意高光部分，选择合适的位置题字。
4. 背景用颜料淋滴或色粉笔皴，作品完成。

作品欣赏

17

生活百态
悠扬编钟

学习要点

1. 了解编钟的起源、用途及历史文化意义。
2. 观察并掌握编钟器型及青铜器传统纹样，通过色彩表达情感。
3. 增强对传统文化的认知及创作意识。

学科要点

涂蜡法、同类色的融合。

材料准备

油画棒、墨汁、白卡纸、清水、牙签等。

视觉感知

    青铜器是由青铜合金（红铜与锡的合金）制成的器具，诞生于人类文明时期的青铜时代。

    中国是制造和使用乐钟最早的国家，编钟出现在约3500年前的商代。古代的编钟多用于宫廷的演奏，每逢征战、朝见或祭祀等活动时，都要演奏编钟。

教学解析

观察编钟的造型，你发现它有哪些特点？
编钟上都有什么纹样？

云雷纹

饕餮纹

在古老的编钟上，你发现了哪些色彩？

创作步骤

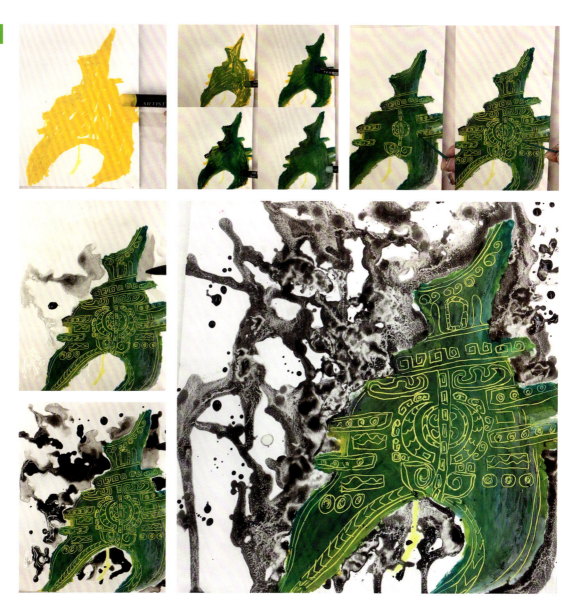

1	2	3
4		
5		6

1. 使用色块的形式表现编钟的形态。
2. 用同类色的油画棒进行覆盖和堆积。
3. 用牙签刮出青铜纹理。
4. 让清水随意流动，表现出如编钟声音传扬般的感觉。
5. 滴上少量墨汁，让墨随水自然流动晕开。
6. 完成作品。

作品欣赏

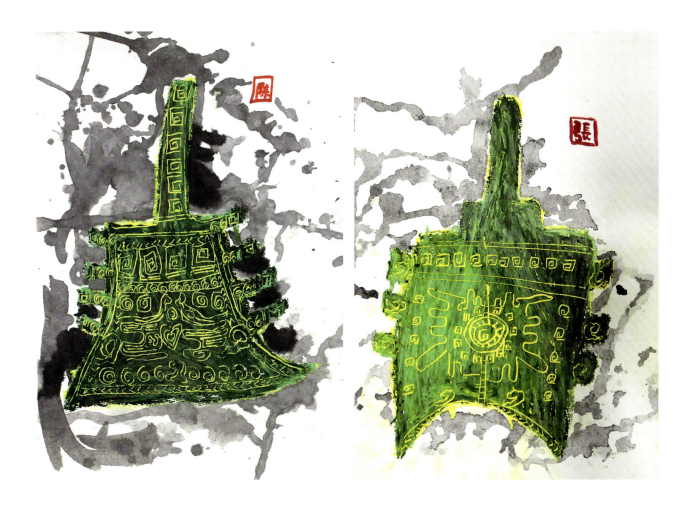

18

百姓人生
爷爷脸色

学习要点

1. 观察爷爷的特点，体会爷爷的慈爱。
2. 用油画棒表现爷爷的肤色与脸部特点，对爷爷的慈祥形象进行写生。
3. 培养孩子敬老的美好品德，提高大胆表现的能力。

学科要点

肤色的表现、老人形象的塑造。

材料准备

素描纸、黑色卡纸、白色棉花、胶水、油画棒等。

视觉感知

　　"家有一老，如有一宝"。谁能介绍一下你们的爷爷？从爷爷的脸上你能想到什么？爷爷和年轻人的肤色与头发有什么不一样？

教学解析

艺术家用了哪些颜色来表现脸色？凡·高笔下人物脸色在用笔上有什么特别的地方？

你喜欢画家罗中立的这种表现方法吗？

创作步骤

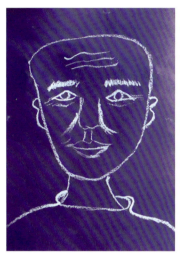  

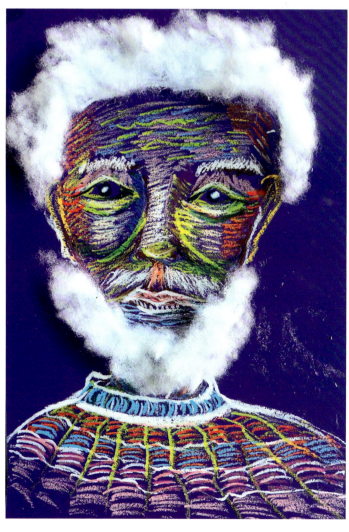

1. 根据图片进行写生，先画出爷爷的五官和脸型，注意爷爷的五官特点与神情。

2. 画爷爷的肤色与皱纹，注意线条的排列，可以不断叠加。

3. 不断丰富爷爷的肤色，画出老人皮肤的质感，添加服装与发型。

4. 粘贴白色棉絮，做出爷爷的花白头发与胡子。

作品欣赏

19

物以类聚

冰镇饮料

学习要点

1. 感受冰镇饮料的造型与色彩美。
2. 用彩色的点线涂抹表现冰镇饮料的造型与色彩。
3. 培养认真观察的习惯和大胆表现的能力。

学科要点

点线涂抹、形色表现。

材料准备

黑卡纸、水粉颜料、水粉笔、毛笔、棉签等。

视觉感知

炎热的夏天，看到这样的饮料你有什么感觉？

教学解析

仔细观察：这些冰镇饮料里都搭配了哪些好吃的？饮料的上半部分和下半部分有什么不同？

可以选自己喜欢的杯子与造型进行表现哦！

创作步骤

1	2	3
4	5	

1. 用白色勾出杯子的造型。

2. 画出饮料的颜色，用棉签调出颜色变化。

3. 用大笔摆出冰块的色彩，画上吸管。

4. 用毛笔敲出饮料冰爽的感觉。

5. 作品完成。

作品欣赏

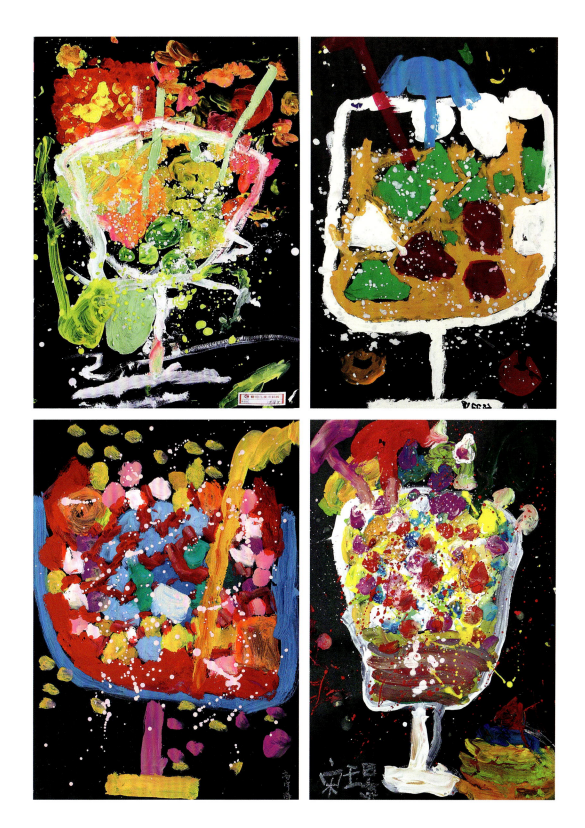

教学解析

在这些壁画中，你们都看到了什么颜色？和我们平时用的颜色一样吗？有没有看出很多互补色？

画面之中存在什么相似的颜色呢？

创作步骤

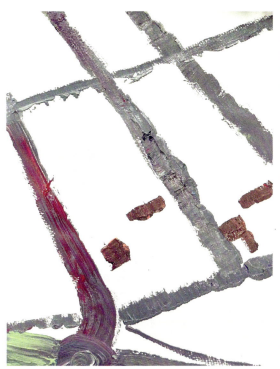

1 | 2
——
3

1. 调出街道的颜色，挑选尺寸合适的卡片刮出街道，分割出建筑和植被的区域。
2. 用宽窄不同的卡片刮出各色的房顶，用棉签点缀植物。
3. 用刮刀、小号毛笔画增加细节，完善画面，例如：路灯、汽车、人等。

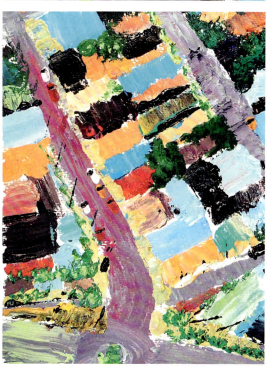

作品欣赏

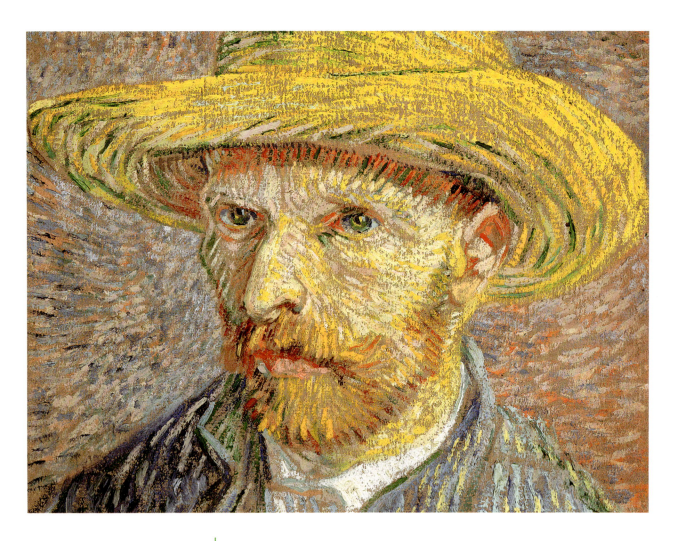

21
亲爱的你
我的画像

学习要点
1. 欣赏大师的自画像作品，感受艺术表现的技巧与艺术高度。
2. 通过镜子观察自己的特点，用线描与色彩游戏的方式表现对自己的认识与形象特点。
3. 学会认识自我，培养敢于表现自我的精神。

学科要点
自画像、色彩游戏。

材料准备
4开素描纸、勾线笔、丙烯颜料。

达利给自己画的自画像有趣吧！从哪个地方能看出来自画像中的人物是达利？画家为什么这样表现？

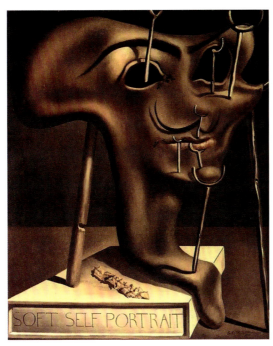

达利自画像

达利的照片

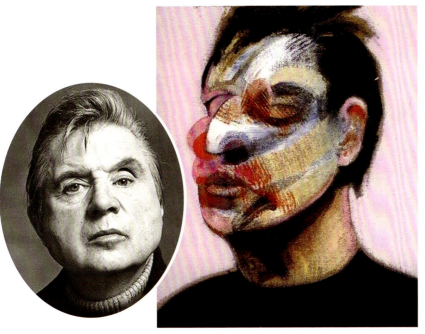
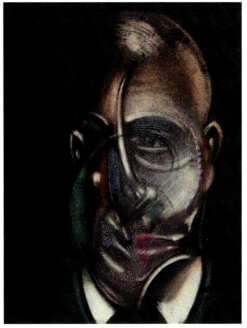

画家培根的自画像有趣吧！说说他在画中表现的特别之处，思考他为什么这样画。

教学解析

莫奈自画像

伦勃朗自画像

达·芬奇自画像

凡·高自画像

这些艺术大师的自画像都有什么特点呢?

创作步骤

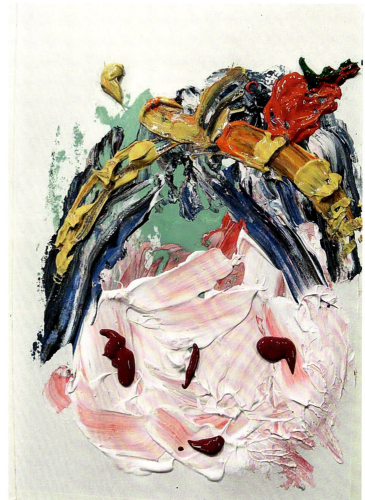

1	2	3
	4	

1. 用刮刀表现想象的肤色。
2. 添加头发与五官的色彩。
3. 添加发夹等细节。
4. 完成作品。

作品欣赏

2018年12月7日
刘雨萱

22
动物世界
大象洗澡

学习要点
1. 了解大象的身体特点，感受有关大象的文化。
2. 用色块表现洗澡的大象，感受皮肤的色彩与质地。并用油画棒画出给大象洗澡的人物的形象。
3. 培养学生保护动物、热爱自然的意识。

学科要点
色彩造型与变化，场景表现、人物动态。

材料准备
素描纸、木炭条、炭精条、纸笔、可塑橡皮、油画棒、水粉笔、水粉颜料。

视觉感知

仔细观察，在大象的身体上都能看见什么颜色？细致观察大象身体局部的纹理。

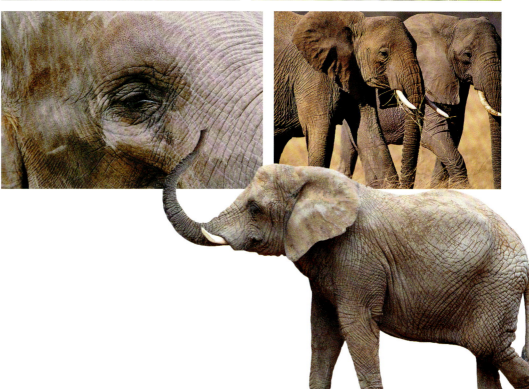

 深灰

 浅灰

 肉色

黑色

熟褐

赭石

教学解析

　　大象身躯这么庞大，它洗澡时会是怎样的一幅场景呢？

　　大象是人类的朋友，让我们一起来帮大象洗洗澡吧！

　　仔细观察，人们在给大象洗澡的时候都用了什么工具？你还能想到其他的方式吗？

创作步骤

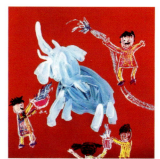

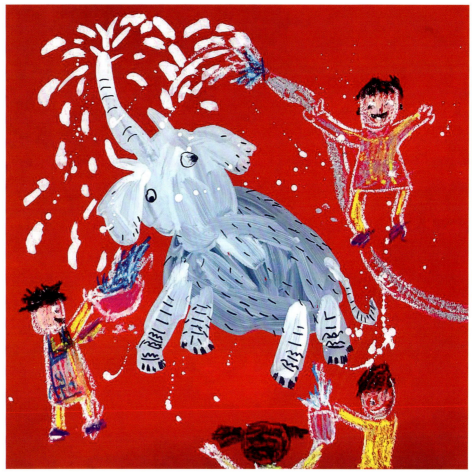

1	2	3
	4	

1. 用白色、灰色画出大象的造型，注意大象造型与动态的变化，突出鼻子的生动性。色彩随着身体位置随时进行改变！
2. 用油画棒画出人物从不同位置给大象洗澡的动态。
3. 继续添加人物，使场景更生动。
4. 大象身体颜料干后，用黑色记号笔或油画棒画出身体上的褶皱，用白色水粉颜料画出水花，最后以甩点的形式渲染气氛。

作品欣赏

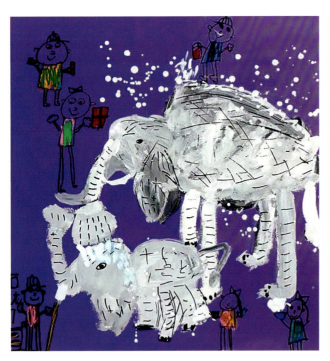 

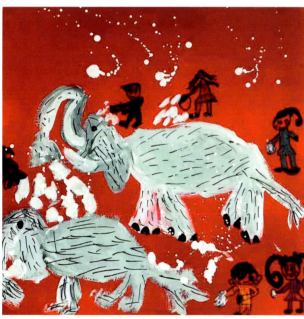

23
本草纲目
奇花特写

学习要点
1. 感受花的生命与气息，欣赏花的奇异与美丽。
2. 了解有关花的基本结构与奇异形态，尝试用色粉揉抹的方法表现花的造型。
3. 培养爱护自然的美好感情。

学科要点
细节观察、色粉画画法。

材料准备
色粉笔、素描纸或色粉纸。

视觉感知

　　世界上的花卉品种繁多，在大自然中生长，在花店中售卖，有一些是我们常见的，但还有许多我们并不熟悉，它们也有着独特的造型与魅力！

　　观察奇花的结构、色彩，你发现了哪些有趣的细节？

剥离掉绚丽的外表，感受出最单纯的魅力，将最纯真的想法表现出来，将是最能与观众产生共鸣的作品。

你喜欢奥基芙作品的色彩运用与表现吗？为什么？

创作步骤

1 | 2 | 3
———————
　　4

1. 用线条勾画基本造型，注意构图和结构的把握。
2. 用色粉或油画棒涂抹花瓣的色彩，注意色彩的变化。
3. 用手指涂抹色彩，使色彩变化更细腻、更美。
4. 深入刻画花蕾的细节，完整表现画面。

作品欣赏

学习要点

1. 观察美人蕉的生长特点，感受其造型与色彩的美丽。
2. 学会美人蕉花瓣特点的色彩表现和画面背景的渲染。
3. 培养仔细刻画的习惯和热爱生活的情感。

24
本草纲目
美人花醉

学科要点

美人蕉的色彩与造型，色粉渲染与刻画。

材料准备

厚卡纸、刮刀、美人蕉图片、丙烯（或水粉、油画）颜料、塑形膏等。

视觉感知

在阳光下，在酷热的天气中盛开的美人蕉，带给你怎样的感觉？它美在哪里？

说说美人蕉的生长结构。

仔细观察，你发现它的色彩有哪些变化？

教学解析

艺术家选取了怎样的角度和构图来表现美人蕉？这样的视角和构图有怎样独特的艺术效果？

艺术家用了怎样的色彩来大胆
表现盛开的美人蕉？

创作步骤

1	
2	4
3	

1. 勾线造型，注意画面的构图。
2. 铺背景色。
3. 用刮刀塑造花的造型。
4. 完成作品。

作品欣赏

25

锦绣河山
五彩山峦

学习要点

1. 了解丹霞地貌，感受它的色彩美。
2. 用丙粉颜料、木屑混合着色的方法表现五彩山的特点与美。
3. 培养学生热爱自然的美好感情。

学科要点

明暗色彩的关系、冷暖色的运用、肌理塑造。

材料准备

厚纸板、丙粉颜料或水粉颜料、木屑、水粉笔等。

视觉感知

中国西北部地区有很多这样的七彩山，你知道它为什么叫七彩山吗？你从中找到了哪些丰富的色彩？

你发现山的向光面与背光面的色彩有什么不一样吗？

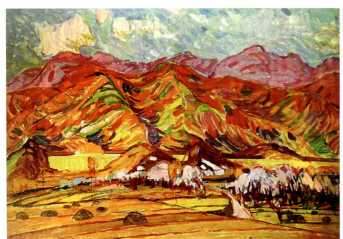

　　欣赏艺术家的作品，说说他们的色彩表现方法。

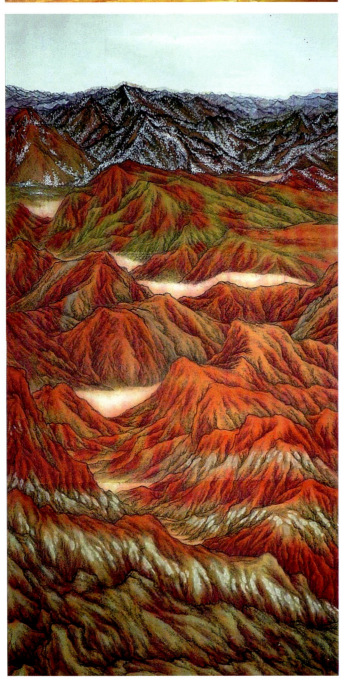

创作步骤

1	2	3	4

5

1. 将丙粉颜料与少量木屑混合。
2. 用大笔画出天空的色彩和山的外形。
3. 逐步画出山前后的层次。
4. 画出山阴阳面的色彩效果。
5. 完成作品。

作品欣赏

学习要点

1. 了解古镇宏村的历史与文化，感受徽派建筑的特点和美感。
2. 结合实景或图片进行写生，表现古镇的建筑造型与色彩。
3. 培养学生对不同建筑流派的审美趣味。

学科要点

古镇造型与构图、色彩刻画与表现。

材料准备

素描纸或灰卡纸、重彩油画棒、色粉笔、宏村图片等。

26

锦绣河山
古镇宏村

视觉感知

这些建筑的墙体和屋檐有什么特点？

马头墙，特指徽派建筑中高于两山墙屋面的墙垣，也就是山墙的墙顶部分，因形状酷似马头，故称"马头墙"。

马头翘角，墙体斑驳，墙面和马头高低进退，错落有致。青山绿水，黑瓦白墙，色彩典雅大方，在质朴中透着清秀。

教学解析

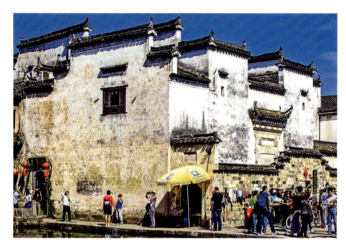

用重彩油画棒表现古镇宏村，你会怎
样构思你的色彩搭配与笔触表达？

如何让画面更具生活气息？

创作步骤

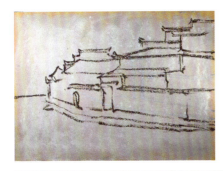

$$\frac{1 \mid 2 \mid 3}{4}$$

1. 用色粉笔涂抹背景，然后轻松勾勒建筑造型。
2. 用大色块铺出整体的色彩，体现对比关系。
3. 深入刻画门、窗等细节，表现建筑的细部特征。
4. 添加周围环境，使画面具有生活气息。

作品欣赏

27

平凡的人
俏美花旦

学习要点

1. 通过欣赏与观察艺术形象，把握花旦形象活泼俏皮的特点。
2. 运用水粉技法，结合图片写生表现花旦的眼部特征与精致装扮。
3. 培养学生热爱京剧国粹、热爱中国文化的美好情感。

学科要点

肖像画构图、色彩的刻画与表现。

材料准备

铅画纸、水粉画颜料、水粉笔、彩色写生图。

生、旦、净、末、丑——旦角是京剧的主要行当之一，女角色的统称。

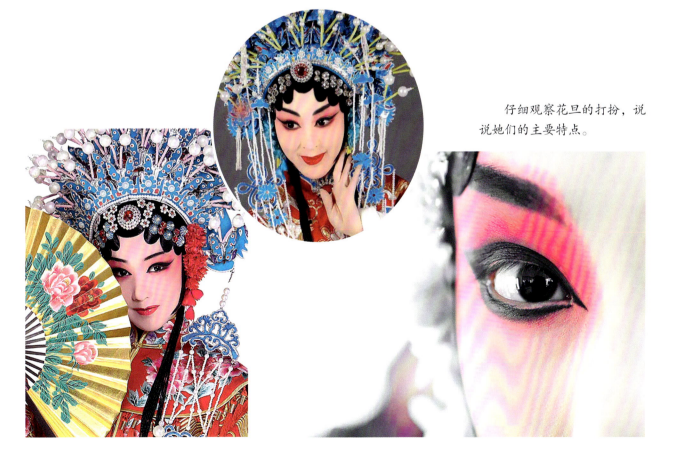

仔细观察花旦的打扮，说说她们的主要特点。

教学解析

说一说，艺术家是如何表现花旦形象的？

创作步骤

$\dfrac{1}{3}\bigg|\dfrac{2}{4}$

1. 结合图片写生，起稿后先用白色调玫红画出花旦的脸。

2. 用黑色画出发型。

3. 刻画五官和肩部等细节。

4. 给背景上色，完成作品。

作品欣赏

学习要点

1. 感受春天美妙的色彩。
2. 感受不同的艺术表现形式，用油画或丙烯工具表现春天的感觉。
3. 培养学生热爱大自然的情感。

学科要点

色彩意象、笔触。

材料准备

油画或丙烯工具、油画框、其他形成肌理的材料。

28
幻想世界
田园春色

视觉感知

春天有哪些迷人的色彩？想象一下，可以用怎样的色调与笔触进行表现？

教学解析

春天的香氛　油画　朱德群

　　《春天的香氛》是艺术家朱德群的作品，它以蓝色为基调，透过神秘而富有浪漫情怀的色彩营造出一种特殊的意境。细看之下，色块轻盈显露，若隐若现，又如繁花，透出明亮清澈的光线。在他的画中，你看不到现实的形体，只有一些神秘的幻想在跳动，但当你用耳去聆听他的画，你会听见动听的中国曲乐在耳边若有似无。朱德群以他经历过的岁月来描绘出记忆也好，心情也罢，这都令其创作更贴近他的个人内在，达到物我合一的境界。

　　这些不同的笔触可能表现的是什么？

创作步骤

$\dfrac{1\;\;2\;\;3}{4}$

1. 选择合适的颜色铺一个大基调。
2. 不断深入创作，把你感受到的春天的感觉逐步表现出来。
3. 可以选择不同的工具，用不同的肌理或笔触来丰富画面。
4. 对整个画面做调整，看是否表达出了你心中春天的感觉。

29
幻想世界
美妙雪景

学习要点

1. 感受冬天景色的魅力，把握冬天景色的特点。
2. 构思冬天的景色，并用水彩进行表现。
3. 培养学生的艺术感受力与观察力。

学科要点

冷色调、干湿画法、冬景表现。

材料准备

水彩颜料及相关工具、水彩纸。

视觉感知

说说冬天带给你的记忆。欣赏冬景，你觉得
它们美在哪里？冬天有哪些色彩？

教学解析

断桥　水彩　徐汉

冷色

说一说，画家用哪些色彩
表现了冬天独特的韵味？

创作步骤

$\dfrac{1 \mid 2 \mid 3}{4}$

1. 用铅笔轻轻打稿，画出前后景物的大致构思。

2. 用清水轻轻打湿纸面，趁湿用大笔画出天空和水面的颜色，用稍深的颜色表现远山，注意空间层次感。

3. 等纸面稍干，画出远处和近处的景物。

4. 在景物上适当添加白色，表现出雪景。

作品欣赏

学习要点

1. 感受海洋深处的神秘与幽暗的意境。
2. 用同类色表现海底深处神秘变幻的色彩。
3. 激发学生探索海洋的求知欲，增强保护海洋的意识。

30

幻想世界
海底深处

学科要点

同类色表现、对深海秘境的表现。

材料准备

油画框、丙烯或丙粉颜料、油画笔、扇形笔等。

视觉感知

　　大海深处会是怎样的场景？你看到了什么？

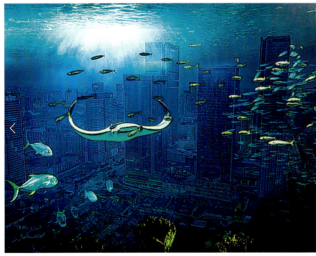

教学解析

艺术家是用怎样的色调来表现海洋深处的？

创作步骤

$\dfrac{1}{2}\Big|3$

1. 用深浅不同的冷色表现海洋深处的寒冷、神秘与幽深。

2. 表现海底的遗址、残骸、海沟等。

3. 添画海洋生物、深海鱼等，注意色彩的对比与统一。

31

幻想世界
深邃宇宙

学习要点

1. 了解宇宙的知识与宇宙的深邃、神秘。
2. 运用冷暖色调的对比，采用色彩的交融和流动来表现宇宙的深邃与神秘。
3. 在探究与表达中建立起对宇宙的认知，培养探索宇宙的兴趣。

学科要点

冷暖色调、色彩的流动与交融。

材料准备

水彩纸、水彩颜料（或流体颜料）。

视觉感知

　　仔细观察，宇宙中有怎样神秘的色彩？你发现了怎样的色彩规律？宇宙中有着怎样的奇妙形态？你想用怎样的色调来表现宇宙的深邃与神秘？

教学解析

欣赏赵无极的作品，你从中感受到什么？

观察星球的颜色。

创作步骤

```
1 | 2
3 | 4
  5
```

1. 用水粉的湿画法画出宇宙的背景。

2. 挤上流体颜料，让流体颜料自然流淌融合。

3. 摇晃画板，让流体颜料按构思的方向流动，形成奇妙的宇宙景象。

4. 滴洒白色或黄色表现宇宙中的繁星。

5. 描绘星球，进行粘贴。

作品欣赏

32
大师静物
唐韵三彩

学习要点

1. 了解有关唐三彩的历史与文化，感受唐三彩艺术的独特魅力。
2. 尝试用流彩的方式，表现唐三彩釉彩的效果，感受色彩自由流淌、交错融合的美妙。
3. 培养学生对中国传统艺术的热爱和敢于大胆尝试的精神。

学科要点

流彩偶发性、色彩感觉。

材料准备

水彩纸、水彩颜料（或流体颜料）、剪刀和固体胶。

视觉感知

仔细观察唐三彩的釉色，有什么特别的地方？想一想，为什么会有这种特别的效果？

创作步骤

1	2
3	4

1. 铅笔起稿后，将所画部分打湿，用水彩上色，注意色彩的自然衔接。

2. 继续用湿画法表现，注意唐三彩釉彩效果的表达。

3. 流彩尝试：水刷需要流彩部位，上绿、黄、棕等色，竖起纸让色彩向下自由流淌，交错融合。

4. 完善画面细节。（备注：流彩是偶发性的，作画者需要控制流彩的律动，使色彩融合美妙。）

背景创作

5	6	7
	8	

5. 墨色加水印制背景底色。

6. 将壁画进行撕纸拼贴。

7. 顺着壁画色彩进行创作。

8. 将唐三彩作品沿边剪下，贴至
背景上，完成作品。

作品欣赏

33

大师风景
莫奈的教堂

学习要点

1. 初步了解印象派产生的时期、主要画家及其作品的特点。
2. 欣赏、临摹莫奈的"教堂"系列作品，感悟印象派作品光与色的关系，及其艺术表现。
3. 激发对自然、对生活的热情与理想。

学科要点

印象派绘画、光与色的感受与表现、丰富笔触、色彩的变化。

材料准备

水彩纸、马克笔、签字笔、莫奈作品打印稿。

视觉感知

鲁昂大教堂的外形繁难复杂，难以表现，但莫奈偏偏要探索这个棘手的题材。

法国印象派代表画家、印象派运动领袖人物——莫奈在画面中表现出了教堂不同光线下给人的视觉感受。

莫奈严谨地处理画面光影与色彩、结构与形态的关系，以浑厚笔触表现出了教堂的稳重分量，让观者感受到神秘与缥缈的感觉。

　　在不同的光线下，物体会展现不同的颜色，形成色彩迷离的效果，你发现了吗？

　　不同色调的鲁昂大教堂就是莫奈以自然光色的视觉印象为依据，将瞬息即逝的色彩变化凝固在画面上，使它神奇而辉煌地呈现出来。

　　莫奈的这些作品分别是什么时间画的？作品在色调上有什么变化？为什么会有这么大的变化呢？

创作步骤

<table>
<tr><td rowspan="2">1
3</td><td>2</td></tr>
<tr><td>4</td></tr>
</table>

1. 签字笔起稿、构图。
2. 马克笔涂出光源色。
3. 马克笔深入刻画。
4. 完成作品。

作品欣赏

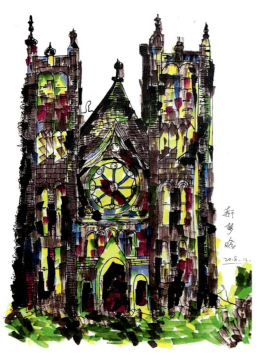
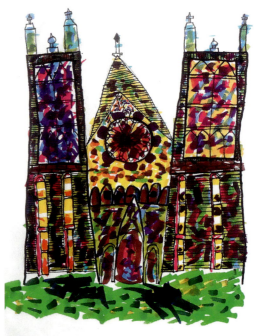

学习要点

1. 学习伦勃朗高光色彩的表现手法，感受高光表现的艺术魅力。
2. 了解伦勃朗自画像每个时期的艺术气质，临摹伦勃朗的作品。
3. 提高学生的艺术感受力和色彩临摹能力，进一步提升学生的色彩素养。

学科要点

高光表现、人像构图。

材料准备

油画框、水粉或油画颜料等。

34
大师肖像
伦勃朗的光

夜巡　油画　伦勃朗

欣赏伦勃朗的名作
《夜巡》，你有什么特别
的感受？

仔细观察，这幅作品
的色彩表达有什么特点？

伦勃朗的油画一贯采用
"光暗"处理手法，即采用
黑褐色或浅橄榄棕色为背
景，将光线概括为一束束电
筒光似的集中线，着重在画
面的主要部分。

窗台上的女孩　油画　伦勃朗

教学解析

你喜欢伦勃朗的这幅作品吗？为什么？色彩的高光表达有什么秘诀？

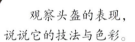

观察头盔的表现，说说它的技法与色彩。

创作步骤

```
1 | 2 | 3
    | 4
```

1. 用尽量流畅的线条，画出戴金盔男子的脸型和头饰。

2. 以黑褐色或浅棕色为主要背景色，将光线概括地表现在画面的主要部位。

3. 仔细刻画人物的五官和头盔，以及高光部分的细节。

4. 完成作品。

35

大师肖像
毕加索的女人

学习要点

1. 欣赏艺术大师毕加索的女人像作品，感受其作品在色彩、造型解构等方面的艺术魅力。
2. 掌握立体主义的造型特征和色彩对比的方法。
3. 用立体折纸的方式创临毕加索的女人像。

学科要点

立体主义、色彩对比、折纸浮雕。

材料准备

硬卡纸、水粉颜料、剪刀、双面胶、固体胶。

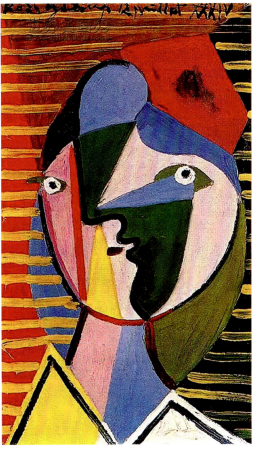

视觉感知

　　仔细观察，毕加索在哪些地方用了立体主义的方式来表现？

　　毕加索用了怎样的色彩与技法来表现这个女人像？

　　毕加索利用共生线将不同角度的脸巧妙地结合在一起。

教学解析

毕加索是如何解构形象的？

利用立体主义创作手法，多角度、多维度展现毕加索的人物作品，大胆地表现人物特征和情绪，融入想象。

毕加索想表现怎样的女人呢？这样的表现给你怎样特别的感受？

创作步骤

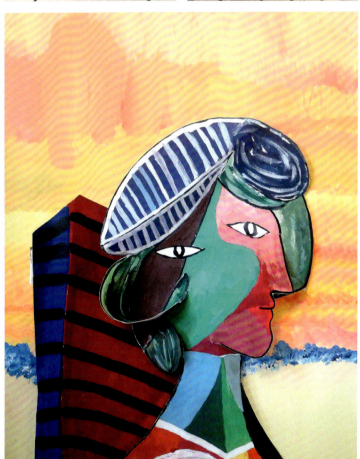

1	2	3
	4	

1. 勾线起稿。
2. 深色勾线，确定轮廓。
3. 剪出轮廓，调整折面。
4. 水粉上色，补充背景。

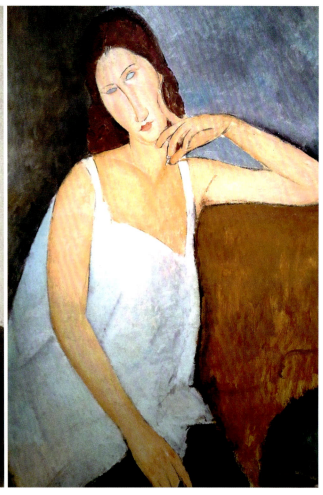

36 大师肖像
莫迪里阿尼的人像

学习要点

1. 欣赏艺术大师莫迪里阿尼的女人像，感受其作品中人物造型的独特魅力。

2. 在临摹的基础上融入东方意境进行创作。

3. 提高美术作品欣赏与临摹能力。

学科要点

人像造型、色彩和谐。

材料准备

背景打印图、色粉笔、胶水、剪刀。

视觉感知

　　为什么莫迪里阿尼笔下的女性如此忧郁呢？他们在造型上有何共同特点？从画面中，你读出她有着怎样的情绪？从哪里看出来的？

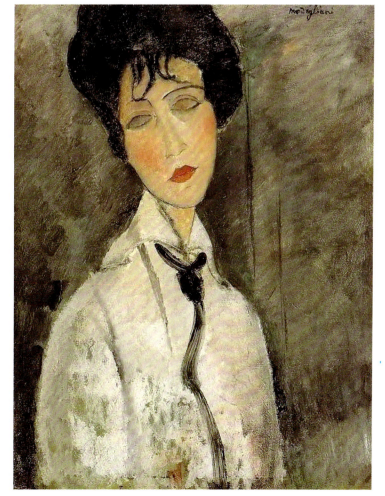

教学解析

　　这样富有美感和情绪的画面，在中国古代仕女画中可以找到似曾相识的感觉。

创作步骤

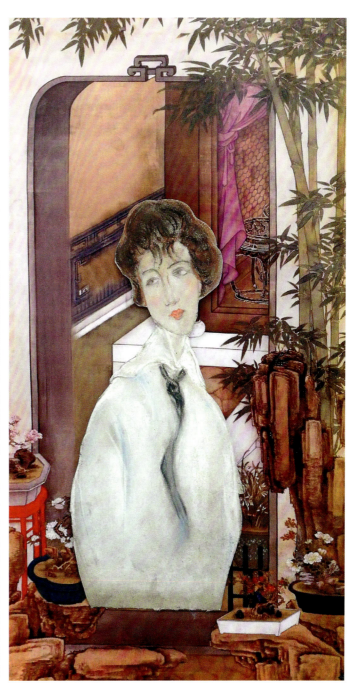

1	4
2	
3	

1. 用单色勾勒女人像的基本轮廓。

2. 从脸部开始，逐渐画出主体的基本色调。

3. 刻画人物的细节（五官、发型等）。

4. 剪切出人物，放置于与主体色彩和谐的背景色中。

作品欣赏

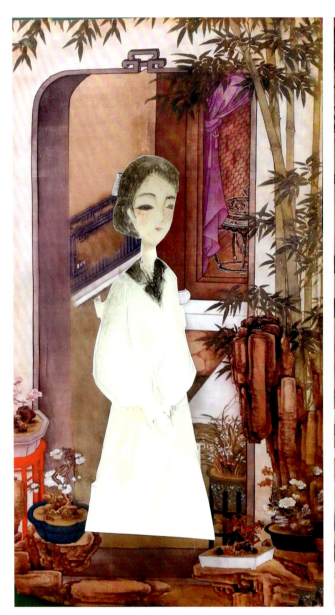

37

大师肖像
马奈的吧台女

学习要点

1. 欣赏印象派先驱马奈的色彩作品，感受其作品在色彩和造型上独特的魅力。
2. 在临摹的基础上，用色彩的意象营造主体形象的环境。
3. 提高学生处理不同色彩语境的能力，运用色彩的协调性进行色彩实验。

学科要点

情境营造、色彩协调。

材料准备

色粉笔、人物局部图、作品打印稿、剪刀、固体胶等。

视觉感知

这个吧台女和镜中的人可能会有怎样的交流呢？你能想象出来吗？

画家为什么要利用镜子来作画？相比主角的色彩刻画，镜中人物的色彩和用笔上有什么特别的地方？

教学解析

镜子映射的是盛大的场面，灯火辉煌，酒客满座，酒、食物、绅士、贵妇等尽收画面中。画家利用镜子加强空间效果，形成巧妙的安排与对比。

模糊的边缘和体块的涂抹，看似潦草，却充满想象空间。

弗莉·贝尔杰酒吧　油画　马奈

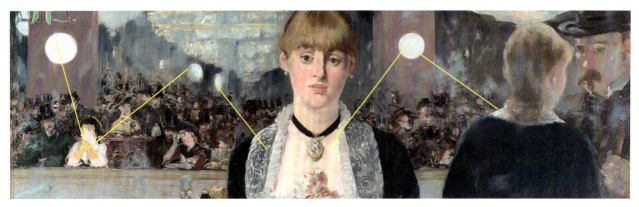

看似随意摆放的亮白色，暗含了环境和人物之间的呼应。

创作步骤

1	2
3	4
5	

1. 用铅笔勾勒镜中影像。

2. 用色粉笔给镜中影像铺上大体环境色彩。

3. 丰富背景影像，加强画面效果。

4. 剪出打印稿上的主要人物。

5. 将主要人物与背景粘贴在一起。

38

我们生活
快乐运动

学习要点

1. 了解一些关于轮滑的知识，体会轮滑运动的趣味性和观赏性。
2. 运用简练概括的色块表现轮滑运动员的各种姿势。
3. 在欣赏和表现的过程中，体验生命的律动，感悟青春的活力。

学科要点

用色块概括形象、人物动态的表达。

材料准备

水粉颜料、水粉笔、小水桶、调色盘、水粉纸、大笔刷、小号勾线笔等。

视觉感知

你喜欢轮滑吗？说一说你是怎么学会滑轮滑的。

教学解析

观察滑轮滑时人物的姿势。你能模拟一下滑轮滑的动作吗？

怎样表现轮滑运动员的速度呢？

这些轮滑运动员，哪一个是你最想表现的？为什么？

创作步骤

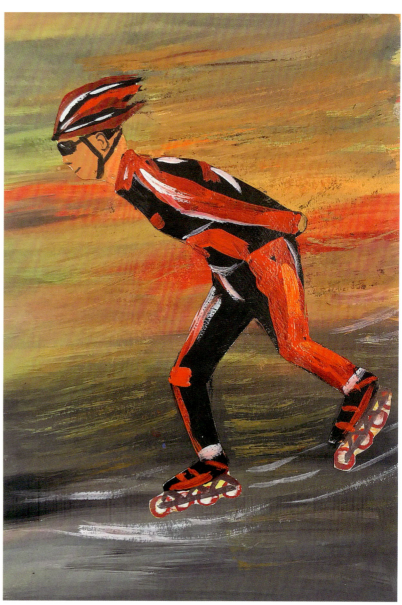

$\dfrac{1}{2}\Big|3$

1. 用大笔快速刷出背景色，用色时有运动员的主体色、场景中的氛围色，统一在一个灰色调里。

2. 调出肉色，画出运动员的头部动态。直接用黑色概括画出人物动态和装备的底色。用枯笔在背景色上刷出动感的排线。

3. 调出运动服的红色系色块，用点线结合的方法，画出人物衣纹的走向，进一步丰富人物动态。

39 我们生活
热闹早市

学习要点

1. 观察早市的热闹场景，感受摊位的丰富性及人物的不同动态。
2. 使用水粉的湿画法表现场景的大体色调，掌握人物概括的画法，注意冷暖关系。
3. 感受生活的乐趣，学会用艺术的视角观察人物和表现场景。

学科要点

色彩的叠加、冷暖对比。

材料准备

水粉颜料、水粉笔、扇形大笔刷、小水桶、调色盘、水粉纸、餐巾纸、小号勾线笔。

视觉感知

天微微亮，商贩们便开始忙碌了。你从哪些地方感受了清晨的气息？你觉得可以用哪些色彩来渲染早晨的色调？

一起走进早市看看吧！

早市上，都有哪些物品和有趣的小场景？商贩们的摊位是怎样摆放的？

商贩与顾客都有哪些动态？他们的表情是怎样的？你看到了哪些色彩？

教学解析

绘本《荷花镇的早市》中的人物是怎么组合在一起的?

看看这幅艺术家作品,它又是怎样表现热闹人群的呢?

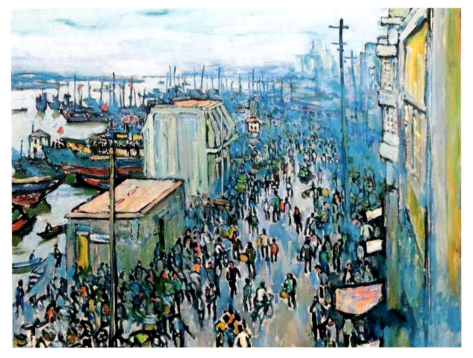

沈家门早市　油画　陈钧德

创作步骤

	1	2	3
	4		6
	5		

1. 在水粉纸上盖一层纸巾，并用扇形笔沾水刷湿。

2. 刷上表现早晨的色彩，可以依次刷上黄色、灰蓝色。

3. 等颜料渗透后，揭开纸巾，画面呈现早晨雾蒙蒙又有微光的效果。

4. 用中号的笔根据结构走向画出太阳伞，横走向用横笔触，竖走向用竖笔触。

5. 用小色块点出瓜果蔬菜等早市上的物品。

6. 用小色块分别概括画出人物头部、衣物和动态。最后添加有虚实变化的线条，进一步丰富画面。

作品欣赏

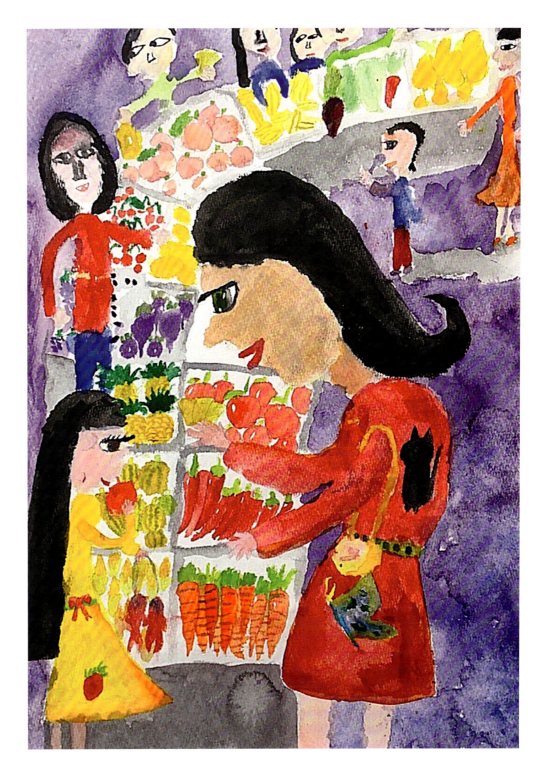

40

我们生活
城市人生

学习要点

1. 了解毕沙罗的生平、创作与特色，学会用印象派的视角观察景物。

2. 尝试用大色块表现色调和用小色点表现人物。

3. 体验创作的乐趣。

学科要点

色块、色点。

材料准备

水粉颜料、水粉笔、素描纸、木炭条、炭精条、纸笔、可塑橡皮。

视觉感知

看看当下城市中的人们,他们是一番怎样的生活景象?

城市里那些为生活而奔波的人,他们每天会经历些什么呢?

教学解析

　　毕沙罗在创作关于城市景象的系列作品时，大部分在公寓楼上临窗而作，他画笔下的人物形象为什么是模模糊糊的？他用了怎样的油画技法来表现？

　　画中的人物形象即使是模糊的，人物的动态还是非常生动且丰富。

春天阳光下的巴黎街景　油画　毕沙罗

早晨阳光下的雕像（局部）　油画　毕沙罗

创作步骤

1	2	3	4
		5	6

1. 塑型膏与木屑搅拌调和，用扇形笔刷在牛皮纸上，形成墙面的肌理效果。
2. 在有肌理效果的纸面刷上白色、灰白色和褐色，形成楼房外面的墙面。
3. 用稍大的笔刷出窗口的背景色。
4. 用小色块和小色点概括地画出人物动态，并添加场景的细节。
5. 画出城市人的生活景象，把画好的小画贴在背景上。
6. 将众多小画拼贴于墙面背景上，形成一幅关于城市人生百态的场景。

作品欣赏

41

我们生活
校园生活

学习要点

1. 观察、感受校园生活的美好景象。
2. 在欣赏、交流、表现中用主观、概括地表现校园生活中的人物动态。
3. 在发现、提炼、表达中培养善于运用绘画语言记录生活的能力，形成对校园生活的喜爱之情。

学科要点

变形、转换色块的律动表达。

材料准备

砂皮纸、重彩油画棒。

视觉感知

　　说说你最喜欢的校园生活，交流校园生活中的动人瞬间。

　　说说人物的动态。
　　画面中有哪些色彩的对比？人物的衣服都有哪些色彩变化？

教学解析

如何用色彩表现校园生活中人物间的氛围和趣味?

画家是如何表现他笔下的校
园生活的?

创作步骤

1 | 2
—
3

1. 尝试用简单的色块、概括的用笔确定主体人物的位置。
2. 用丰富的色彩和不同力度的用笔刻画人物的整体面貌与状态。
3. 以概括表现人物细节，用对比的色彩表现充满生趣和活力的校园生活。

作品欣赏

42 我们生活
街巷摊点

学习要点

1. 观察、感受街头摊点的生活气息和热闹气氛。
2. 运用色彩构成的方式表现街头摊点的生活趣味。
3. 培养善于观察与艺术表达的能力，以及对生活街头细小之处的关注和喜爱之情。

学科要点

色块提炼、重构的创作表达。

材料准备

丙烯颜料、灰卡、刮刀、小油画笔、排刷、海绵。

你看到了怎样的街头景象？生活中你在哪里见过？

你发现了画面中
的线、面关系了吗？

教学解析

欣赏画家围绕街头景色进行创作时，点线面及其色彩关系的概括表现。

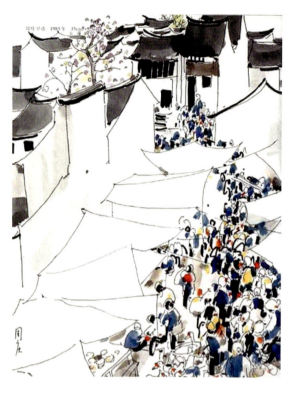

周庄　中国画　吴冠中

不夜城　油画　戴士和

1
─
2
─
3
─
4

1. 观察照片，感受画面中老旧建筑的生活气息，确定主色调，用排刷以大块面表现画面结构关系。

2. 捕捉画面中具有生活气息的细节，用海绵蘸颜料有节奏地表现大结构中的小块面。

3. 再次体会街头摊点"物"的情味，运用海绵制造部分肌理效果，增加街头摊点的烟火气息。

4. 用鲜艳的色彩以点景的方式、概括的笔法添加人物，用点、线元素构成画面的主次节奏变化，使街头的生活情味有静有动，和谐生动。注意疏密有致、近大远小的关系。

作品欣赏

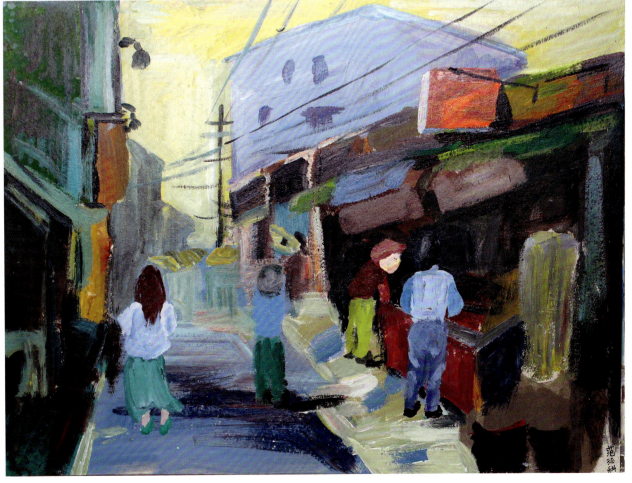

43

我们生活
周末时光

学习要点

1. 感受、体会周末的美好时光。
2. 运用色彩写生创作的方式表达关于周末时光的独特感受。
3. 培养学生善于运用绘画语言、记录生活的能力，形成热爱生活的美好情感。

学科要点

色彩厚画法、意象表达。

材料准备

丙烯颜料、海绵、玻璃纸。

视觉感知

欣赏画面，你感受到的是怎样的周末时光？

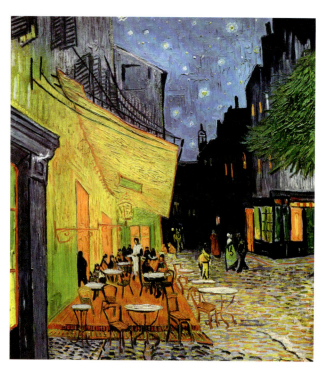

夜间的露天咖啡座　油画　凡·高

女孩与老猫　油画　闫平

教学解析

　　艺术家表现的是怎样的周末时光？用了怎样的色彩与技法来表现？

1 | 2
―――
3

1. 观察照片，结合自己的独特感受，抓住画面主要色调，用海绵有轻重起伏、有情绪变化地铺好主色调。

2. 抓住照片中的主次关系，以厚画法的堆积表现画面主要部分，以块面的方式将人物融入画面，体现画面的和谐之美。

3. 深入调整画面主次与色彩关系，表现出周末悠闲、和谐的美好景象。

作品欣赏

图书在版编目（CIP）数据

　　合情美学经典课程. 色彩 / 朱敬东主编. —— 杭州 ：
浙江人民美术出版社，2019.11
　　ISBN 978-7-5340-7624-4

　　Ⅰ．①合… Ⅱ．①朱… Ⅲ．①色彩学－中小学－教材
Ⅳ．①G634.955.1

　　中国版本图书馆CIP数据核字（2019）第212655号

责任编辑：陈辉萍
责任校对：郭玉清
责任印制：陈柏荣

合情美学经典课程·色彩

朱敬东　　主编

出版发行：浙江人民美术出版社
地　　址：杭州市体育场路347号
网　　址：http://mss.zjcb.com
电　　话：0571-85176089
经　　销：全国各地新华书店
制　　版：杭州真凯文化艺术有限公司
印　　刷：杭州佳园彩色印刷有限公司
开　　本：889mm×1194mm　1/16
印　　张：15.75
字　　数：150千字
版　　次：2019年11月第1版·第1次印刷
书　　号：ISBN 978-7-5340-7624-4
定　　价：158.00元
如发现印装质量问题，影响阅读，请与出版社市场营销中心联系调换。